मूल्य : ₹ **185**
ISBN : 978-81-7483-116-3
संस्करण : 2012

SACHITRA VISHWAKOSH VOL-II : Aavishkar : Khoj
(Encyclopaedia) Edited by Dr. Bal Krishan
मुद्रक : दीपिका एन्टरप्राइज़ेज, दिल्ली

शिक्षा भारती

1590, मदरसा रोड, कश्मीरी गेट-दिल्ली-110006

आविष्कार : खोज

अंग्कोर (ANGKOR) : किसी ज़माने में अंग्कोर या अंग्कोरवात प्राचीन कम्बुज राज्य की राजधानी थी, जो वर्तमान कम्बोडिया के उत्तरी भाग में स्थित था। ईसवी सदियों के पहले ही सुदूरपूर्व के देशों में प्रवासी भारतीयों के अनेक उपनिवेश बस गए थे। कम्बुज राज्य भी ऐसा ही एक उपनिवेश था। अंग्कोर की नींव कम्बुज के राजा जयवर्मा तृतीय ने 860 ईसवी के लगभग डाली और यह राजधानी 40 वर्षों तक बनती रही और 900 ईसवी के लगभग तैयार हुई।

14 वीं शताब्दी के मध्य में पश्चिम के थाई लोगों ने अंग्कोर पर बार-बार हमले किए और उसे लूटा व बरबाद किया। तब लाचार होकर वह राजधानी छोड़ देनी पड़ी। फिर धीरे-धीरे वहां बांस के जंगल उग आए और अंग्कोर अन्धकार में विलीन हो गया। 1871 ईसवी में फ्रांसीसी वैज्ञानिक लुई देलापोर ने अचानक ही इसके खंडहरों को खोज निकाला।

कला की दृष्टि से अंग्कोर अपने मंदिरों, महलों, भवनों, राजपथों, और सरोवरों के अवशेषों के कारण बहुत ही प्रसिद्ध है। उनसे प्राचीन कम्बुज राज्य के धार्मिक विश्वासों, उनकी कलाकृतियों और प्राचीन भारतीय संस्कृति पर बहुत प्रकाश पड़ा है। नगर के ठीक बीचोंबीच शिव का जो विशाल मंदिर है, वह वास्तुकला की दृष्टि से विश्व का एक आश्चर्य है। संसार के विभिन्न भागों से प्रतिवर्ष हज़ारों पर्यटक इस नगर को देखने आते हैं।

यह विशाल मंदिर बरसों घने जंगल से ढका रहा।

अंग्कोर का मंदिर

अजन्ता और एलोरा (AJANTA AND ELLORA) : औरंगाबाद से थोड़ी ही दूर पर एलोरा की गुफाएं हैं और उनसे कोई 75 मील पर अजन्ता की हैं। अजन्ता और एलोरा अपनी कला के लिए संसार-भर में विख्यात हैं।

पहाड़ की गोद में अजन्ता की गुफाएं बड़ी सुहावनी लगती हैं। अजन्ता का द्वार मेहराबदार है। बाहर की

अजन्ता का एक प्रसिद्ध भितिचित्र

अजन्ता की एक गुफा का मुख्य द्वार

ओर दीवारों पर बुद्ध की प्रतिमाएं बनी हुई हैं। पहाड़ को काट-काटकर उनतीस कमरे बनाए गए हैं, जिनके सामने लम्बे बरामदे हैं। कमरों की दीवारों पर लगभग दो हज़ार साल पुराने चित्र हैं। कहीं भगवान बुद्ध हाथ में कमल लिए खड़े हैं। उनके मुख पर अलौकिक शांति है। कहीं वे निश्चल ध्यान लगाए बैठे हैं। कामदेव की सेना उन-पर आक्रमण कर रही है। एक चित्र में यशोधरा राहुल को साथ लिए खड़ी है, द्वार पर बुद्ध हैं। भिक्षा का पात्र उनके हाथ में है। यशोधरा की आंखों से आंसू बस टपकना ही चाहते हैं। चित्रकारों ने मनुष्य तो मनुष्य, पशुओं के चेहरों पर भी विभिन्न भाव-मुद्राएं आंक दी हैं। यहां उस समय के लोक-जीवन की भी बड़ी सजीव झांकियां मिलती हैं। गुफाओं के शिलालेखों से पता चलता है कि ये चित्र पचास ईसवी पूर्व से लेकर सातवीं शताब्दी के मध्यकाल तक बनते रहे हैं। दीवारों पर पहले एक पलस्तर (वज्रलेप) चढ़ाया जाता था। फिर उसके सूखने पर चित्रों की रेखाएं खींचकर उनमें रंग भरे जाते थे। इन गुफाओं के भीतर अंधेरा है। बिना गैस लैम्प के चित्रों को देखा नहीं जा सकता। भला अंधेरे में ये चित्र कैसे बनाए गए होंगे!

अजन्ता जैसे अपने चित्रों के लिए प्रसिद्ध है, वैसे ही एलोरा अपनी मूर्तियों के लिए प्रसिद्ध है। यहां बौद्ध, ब्राह्मण और जैन धर्मों के गुफा-मंदिर एक मील से भी अधिक दूरी तक फैले हैं। ये मंदिर कोई बारह सौ साल पहले के हैं। बौद्ध गुफाओं में सबसे सुन्दर विश्वकर्मा गुफा है। यह 80-85 फुट लम्बी है। इसमें बुद्ध की 11 फुट लंबी बैठी हुई प्रतिमा है। उनके दोनों ओर गंधर्व हैं। छत पर नाग-नागिनियां बनी हुई हैं। ब्राह्मण गुफाओं में दशावतार, कैलास, रामेश्वर आदि 15-16 गुफाएं हैं। कैलास तो संसार का आश्चर्य है। उसमें तीस लाख हाथ पत्थर काटा गया है। कितनी ही पौराणिक कथाएं खोदी गई हैं। मोटे-मोटे खम्भों पर ऐसी नक्काशी है कि लगता है जैसे कलाकारों ने उनपर मानिक-मोती उतार दिए हैं। कैलास की गुफा दो-मंज़िली है। इसे राष्ट्रकूट राजाओं ने बनवाया था। जैन गुफाएं केवल 5-6 हैं। इनमें तीर्थंकरों की मूर्तियां हैं। कहीं-कहीं पास ही नाग खड़ा उनपर अपने फन की छाया कर रहा है। एलोरा में बराबर-बराबर कोई तीन दर्जन मंदिर हैं।

अमरीकस वेस्पूसियस (AMERICUS VESPUCIUS 1451-1512) : यह साहसी यात्री इटली देश के फ्लोरेंस नगर के राजा लोरेंज़ो का दरबारी था। उत्तरी तथा दक्षिणी

ग्रमरीका का नाम इसीके नाम पर रखा गया है। इसने कुछ दिन जहाज़ों पर मल्लाही की थी ग्रौर यह दावा किया था कि वह कोलम्बस द्वारा ढूंढे देश की बहुत पहले ही चार यात्राएं कर चुका है। 1507 में एक जर्मन नक्शानवीस ने जब कोलम्बस की ढूंढी नई दुनिया का नक्शा बनाया तो किसी नाम के ग्रभाव में उसने ग्रमरीकस के नाम पर उसका नाम ग्रमरीका रख दिया। यही नाम प्रचलित भी हो गया।

अमरीकस का दावा था कि वह कोलम्बस से भी पहले अमरीका की चार यात्राएं कर चुका है।

ग्रमरीका की खोज वास्तव में ग्रमरीकस ने ही की थी या नहीं, इस संबंध में निश्चित रूप से कुछ कहना संभव नहीं है। (देखें : कोलम्बस)

ग्राइफ़ेल टावर (EIFFEL TOWER) : पेरिस में सन् 1889 में एक विश्व-मेला लगा। इस ग्रवसर पर ग्रलेक्ज़ेण्डर गस्टेव ग्राइफ़ेल ने एक ऊंची मीनार बनाई। मीनार का नाम ग्राइफ़ेल के ही नाम पर रखा गया। मेला समाप्त हो जाने पर भी मीनार ज्यों की त्यों रह गई। यह इतनी मशहूर है कि बहुत-से लोग हर साल इसे देखने जाते हैं।

यह टावर 984 फुट ऊंचा है। जिस समय यह बनकर खड़ा हुग्रा था उस समय तक की मनुष्य की बनाई हुई हर चीज़ से यह ऊंचा था। ग्राज भी यह यूरोप की सबसे ऊंची इमारत है। लेकिन दुनिया की सबसे ऊंची इमारत न्यूयार्क की एम्पायर स्टेट बिल्डिंग है, जो ग्राइफ़ेल टावर से भी 300 फुट ऊंची है। ग्राइफ़ेल टावर में तीन मंज़िलें हैं। ऊपरी सिरे के पास एक बारजा लगा हुग्रा है। बारजे पर खड़े होने पर 50 मील दूर तक के दृश्य दिखाई देते हैं। कुछ लोग जब इसपर चढ़ते हैं तो उन्हें चक्कर ग्राने लगता है क्योंकि मीनार हवा में हिलती रहती है।

इस मीनार की रंगाई में इतना समय लगता है कि जब तक रंगसाज़ एक सिरे से दूसरे सिरे तक की रंगाई खत्म करते हैं तब तक शुरू के हिस्से की रंगाई की बारी ग्रा जाती है। इसलिए इसपर हर समय रंगाई का काम चलता रहता है।

आइफ़ेल टावर

ग्राजकल इसका प्रयोग मौसम के ग्रध्ययन के लिए भी किया जाता है। वर्षों तक इससे रेडियो ग्रौर बेतार के तार की खबरें भेजी जाती रही हैं। ग्राज इसके द्वारा टेलीविज़न के कार्यक्रम भी प्रसारित होते हैं।

ग्रागरे का किला (AGRA FORT) : ग्रागरे का किला बादशाह ग्रकबर का बनवाया हुग्रा है। इसकी लाल पत्थर की बाहरी दीवारें 70 फुट ऊंची ग्रौर डेढ़ मील लम्बी हैं, जिनपर बीच-बीच में बुर्जियां बनी हुई हैं। किले के चारों ग्रोर गहरी खाई है।

किले में सबसे खूबसूरत इमारत मोती मस्जिद है, जो शाहजहां की बनवाई हुई है। सात मेहराबों पर तीन गुम्बज ऐसे लगते हैं जैसे तीन कलियां बस फूटने ही वाली हों।

दाईं ग्रोर दीवाने-ग्राम है जिसके पीछे खंभों की तीन कतारें चली गई हैं। यह इमारत लाल पत्थर की है। यहां पीछे हटकर बादशाह का तख्त है, जहां दरबार के वक्त बादशाह बैठता था। तख्त के सामने तीन फुट ऊंची संगमरमर की पटिया है, जिसपर खड़े होकर वज़ीर बादशाह का फरमान लिया करता था। दाईं ग्रोर गलियारे के पीछे बेगमें दरबार देखने के लिए बैठती थीं।

दीवाने-ग्राम के सामने जहांगीर का बनवाया हुग्रा हौज़ है। यह पांच फुट गहरा है ग्रौर एक ही पत्थर को काटकर बनाया गया है। दीवाने-ग्राम के पीछे मच्छी भवन है। इसमें कभी संगमरमर की फूलों की क्यारियां, नहरें, फौवारे ग्रौर मछलियों से भरे हौज़ थे।

दीवाने-ग्राम के सामने ही दीवाने-खास है। कटाव-जड़ाव का काम यहां गजब की खूबी से हुग्रा है। दीवाने खास के ठीक सामने जहांगीर के नहाने के हमाम हैं। इनमें पानी बाहरी दीवार के बाहर से 70 फुट नीचे से ग्राता था। यहीं जूही महल है जिसमें पहले नूरजहां ग्रौर फिर मुमताज महल रहती थीं। शाहजहां ग्रपने ग्रंतिम दिनों में

यहीं बैठा ताजमहल को निहारा करता था।

इसके पास ही बेगमों का खास महल है। शाम की डूबती लाली में यह इतना सुन्दर लगता है कि देखते ही बनता है। खास महल के सामने अंगूरी बाग है। इसमें ज्यामिति के आकार की फूलों की क्यारियां थीं और अंगूर की बेलें चढ़ी हुई थीं।

अंगूरी बाग के उत्तर शीश महल और दूसरी ओर प्रसिद्ध जहांगीरी महल है। जहांगीरी महल वस्तुतः अकबर का बनवाया हुआ है। इसकी कला फतहपुर सीकरी की कला के समान है। इस महल में जमुना की ओर की दीवारों पर बड़े खूबसूरत चित्र बने हुए थे, जो अब धुंधले पड़ गए हैं। महल का भीतरी आंगन मुगल-कला का सुन्दर नमूना है। इसके खंभों, मेहराबों और अनगिनत टोडों से अंधेरे-उजाले की आंखमिचौनी होती रहती है।

उत्तर की ओर जोधाबाई का महल है जो हिन्दू-शैली में बना है। उसीसे लगा पश्चिम ओर का कमरा उसका मंदिर था।

अकबर, जहांगीर और शाहजहां अधिकतर इसी किले में रहे थे।

आमनसेन रोआल्ड (ROALD AMUNDSEN 1872-1928) : दक्षिणी ध्रुव की खोज करनेवाले प्रसिद्ध यात्री रोआल्ड आमनसेन नार्वे के रहनेवाले थे। बचपन से ही उनकी साध उत्तरी ध्रुव पर पहुंचनेवाला पहला आदमी

आमनसेन ने दक्षिणी ध्रुव के निकट कैम्प लगाया।

होने की थी। 1909 तक वे अलग-अलग यात्रियों और खोज-कर्ताओं के साथ उनकी खोजयात्राओं पर जाते और अनुभव प्राप्त करते रहे। लेकिन अभी वे अपनी खुद की खोजयात्रा की तैयारी कर ही रहे थे कि खबर मिली कि रॉबर्ट ई० पियरी उत्तरी ध्रुव पर पहुंच भी चुके हैं। आमनसेन ने फौरन अपनी योजना बदली और दक्षिणी ध्रुव जाने की ठान ली।

आमनसेन ने अपने दल के साथ ओस्लो से 9 अगस्त, 1910 को प्रस्थान किया। जनवरी, 1911 में वे लोग एक ऐसी जगह जा पहुंचे जहां से केवल पैदल यात्रा शुरू की जा सकती थी। मगर अब दक्षिणी ध्रुव तक जाने और लौटकर आने योग्य समय नहीं रह गया था। इसलिए कई महीने वे लोग वहीं बर्फ पर डेरा डालकर पड़े रहे।

अक्तूबर में दक्षिणी ध्रुव प्रदेश की सर्दियां खत्म हुईं और 22 अक्तूबर को आमनसेन ने चार आदमियों की टोली लेकर कूच कर दिया। बर्फ पर सामान से लदी गाड़ियां खींचने के लिए उन्होंने 52 कुत्ते भी लिए।

कई दिनों की कठिन और संकटपूर्ण यात्रा के बाद आखिर 14 दिसंबर, 1911 को आमनसेन दक्षिणी ध्रुव पहुंच गए। वहां पहुंचनेवाले वे पहले व्यक्ति थे। ध्रुव पर उन्होंने अपने देश नार्वे का झंडा फहरा दिया। 1926 में आमनसेन ने वायुयान द्वारा उत्तरी ध्रुव को पार किया। दो वर्ष बाद आर्कटिक प्रदेश में एक यात्री को बचा लाने के प्रयास में वे मारे गए। (देखें : पियरी)

आविष्कार (INVENTIONS) : हम जिन चीज़ों को अपने काम में लाते हैं उनमें से लगभग हरएक का कभी न कभी किसी न किसी द्वारा आविष्कार किया गया है। दरवाज़े की घंटियां, टेलीफोन, स्टोव, लैम्प, रेफ्रीजरेटर, छापेखाने, खेती के औज़ार और मशीनें, बारूद, शीशा, लोहा—इन सबका आविष्कार किया गया है। यह ठीक है कि हवा, पानी और पेड़-पौधों का आविष्कार नहीं करना पड़ा है। लेकिन आविष्कारों की ही बदौलत हवा को हमारे घरों में झला जाता है, ज़रूरत की जगहों पर पानी को पंप द्वारा पहुंचाया जाता है, पौधों और पेड़ों को लगाया जाता है तथा उनकी रक्षा की जाती है। खाने का भी आविष्कार नहीं करना पड़ा। लेकिन अगर हमारे गुफावासी पूर्वजों ने उन हथियारों का आविष्कार नहीं किया होता जिनसे वे अपने शिकारों को मारते थे, तो वे शायद स्वयं नष्ट हो गए होते। और अगर धरती को जोतने के लिए औज़ारों का आविष्कार नहीं किया गया होता तो आज करोड़ों आदमियों को अपनी खूराक नहीं मिल पाती।

आदमी के लिखना-पढ़ना सीखने के बहुत पहले भी कुछ बहुत महत्त्वपूर्ण आविष्कार किए गए थे। छुरी, भाला, धनुष-बाण, आग जलाने के उपाय, कपड़े और बर्तन बनाने के उपाय आदि उनमें से कुछ हैं। आज किसी को इस बात का पता नहीं कि इनका आविष्कार किन्होंने किया था। अनेक आधुनिक आविष्कारों के आविष्कर्ताओं के नाम का पता लगाना भी आसान नहीं है। कोई एक आदमी किसी आविष्कार को पूरा करता है, परन्तु उसका काम पहले के कई व्यक्तियों के कामों पर निर्भर होता है। उदाहरण के लिए, मोटरकार के किसी एक आविष्कर्ता का नाम लेना

सम्भव नहीं है। पहली मोटरकार अनेक आविष्कारों को जोड़-बटोरकर विकसित की गई थी।

कई बार एक ही समय पर दो भिन्न स्थानों पर दो भिन्न व्यक्तियों ने एक ही चीज़ का आविष्कार किया, यद्यपि वे एक-दूसरे के काम से परिचित तक नहीं थे। एक पुरानी कहावत है, 'आवश्यकता आविष्कार की जननी है।' जब किसी नई पद्धति की आवश्यकता होती है, तो अनेक लोग उस काम में जुट जाते हैं और देर-सबेर उनमें से किसीको कोई ऐसी तरकीब सूझ ही जाती है जो बहुत काम की सिद्ध होती है। यह भी सम्भव है कि एक से अधिक आदमियों को एक ही समय पर एक जैसे ही विचार सूझ जाएं। लगभग हर आविष्कार को जल्द ही विकसित कर लिया जाता है। एडिसन ने बिजली के बल्बों का आविष्कार किया। लेकिन आज हमारे व्यवहार में आनेवाले बल्ब ठीक वैसे ही नहीं हैं जैसेकि एडिसन के थे। ग्राहम बेल ने टेलीफोन का आविष्कार किया। लेकिन अगर बहुत-से लोगों को बेल का पहला टेलीफोन दिखाया जाए तो उन्हें पता ही नहीं लग पाएगा कि यह क्या चीज़ है।

यहां हम आधुनिक युग के कुछ आविष्कारों और उनके आविष्कर्ताओं की सूची दे रहे हैं :

प्रमुख आविष्कार

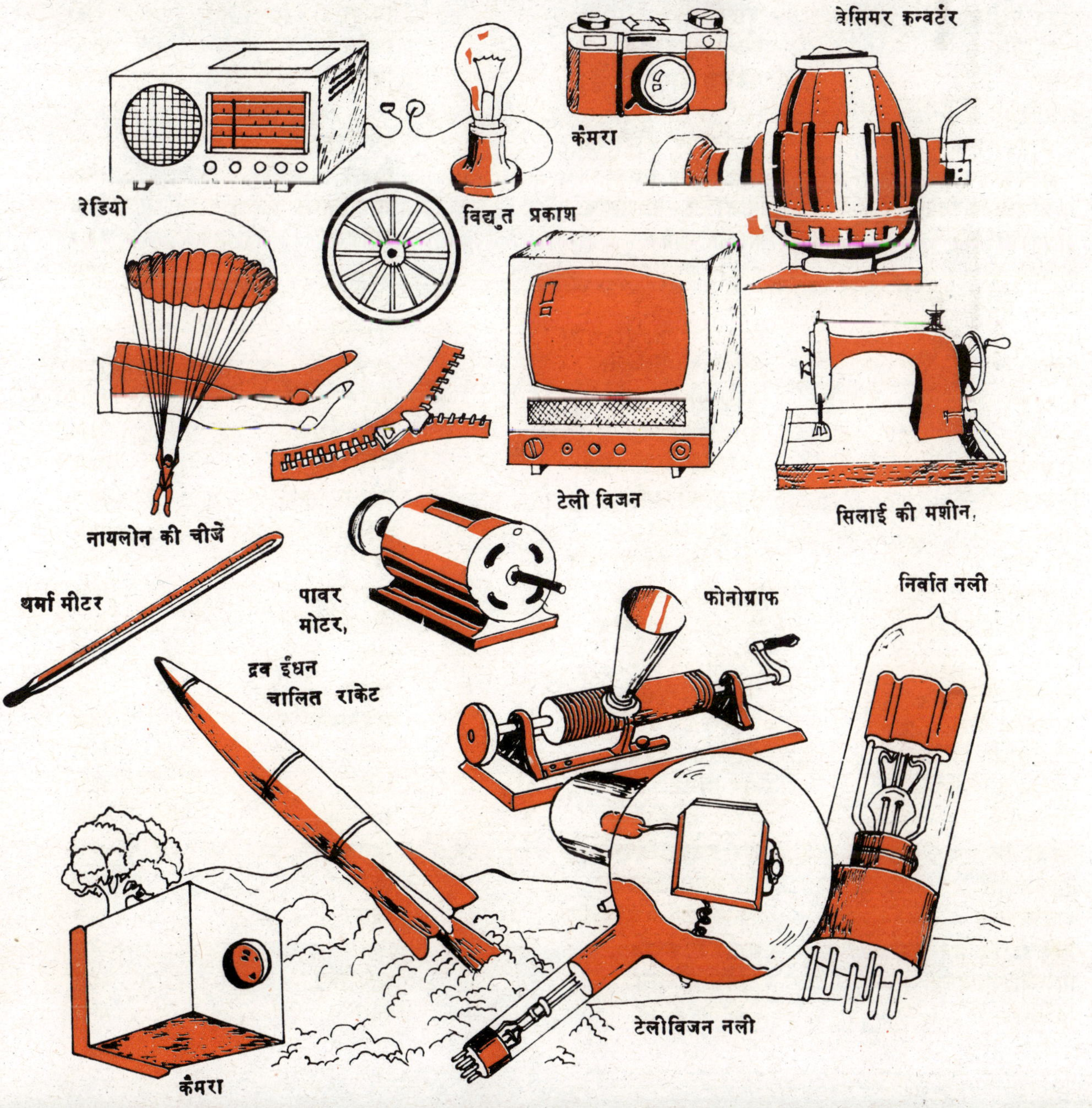

आविष्कार	आविष्कर्ता	देश	तिथि
अन्तर्दहन इंजन	गोतलीब दाइमर	जर्मनी	1885
एक्स-रे मशीन	विल्हेम रोएन्तजेन	जर्मनी	1895
एस्परैन्तो	ज़ामेनोफ	पोलैण्ड	1887
कताई की चर्खी	जेम्स हरग्रीव्ज़	ब्रिटेन	1764
कन्सर्टिना	सर चार्ल्स ह्वीटस्टोन	ब्रिटेन	1825
कागज़ बनाने की मशीन	लुई रॉबर्ट	फ्रांस	1798
खाद्य पदार्थों का द्रुत हिमीकरण	क्लेरेन्स बर्डसी	अमरीका	1925
गुब्बारा	जोसेफ मांगोलफिए	फ्रांस	1782
गैस की रोशनी	विलियम मरडक	ब्रिटेन	1779
छापाखाना	जोहान गूतेनबर्ग (?)	जर्मनी	1450
जाइरोस्कोप	लिम्रोन फोकाल्त	फ्रांस	1852
जेट-चालन	सर फ्रैंक ह्विटल	ब्रिटेन	1930
टाइप मशीन	चार्ल्स थर्बर	ब्रिटेन	1843
टारपीडो	रॉबर्ट ह्वाइटहेड	ब्रिटेन	1866
टीका	एडवर्ड जेनर	ब्रिटेन	1796
टेलीविजन :			
आइकनोस्कोप	व्लादिमिर ज़ोरीकिन	अमरीका	1923
टेलीवाइज़र	जॉन एल० बेयर्ड	ब्रिटेन	1925
प्रतिबिम्ब विच्छेदक	फिलो टी० फार्न्सवर्थ	अमरीका	1928
डाइनामाइट	अल्फ्रेड नोबेल	स्वीडन	1862
डिब्बाबन्दी	फ्रैंकोई ऐपर्ट	फ्रांस	1804
डीज़ल इंजन	रुडोल्फ डीज़ल	जर्मनी	1892
तार	सैम्युअल एफ० बी० मोर्स	अमरीका	1837
थर्मामीटर	गैलिलिओ गैलिली	इटली	1593
दियासलाई	जॉन वाकर	ब्रिटेन	1827
दूरबीन	हैन्स लिपरशी	नीदरलैंड	1608
नायलोन	डब्ल्यू० एच० कैरोथर्स	अमरीका	1930
निरापद लैम्प	सर हम्फ्री डेवी	ब्रिटेन	1816
निर्वात नली	ली द फारेस्ट	अमरीका	1907
नील रंग	सर विलियम परकिन	ब्रिटेन	1856
पनडुब्बी	जॉन पी० हालैंड	अमरीका	1891
पेण्डुलम की घड़ी	क्रिश्चियन ह्यू जेन्स	नीदरलैंड	1656
पैराशूट	फ्रैंकोई ब्लैंकार्ड	फ्रांस	1785
पोर्टलैंड सीमेण्ट	जोसेफ ऐस्पडेन	ब्रिटेन	1672
फाउण्टेन पेन	लेविस ई० वाटरमैन	अमरीका	1884
फोटोग्राफी (रंगीन)	गैब्रिएल लिपमैन	फ्रांस	1891
फोटोग्राफी (सादी)	लुई डागेर	फ्रांस	1839
फोनोग्राफ	टॉमस एडिसन	अमरीका	1877
फौजी टैंक	सर अर्नेस्ट स्विण्टन	ब्रिटेन	1914
बहुरूपदर्शी	सर डेविड ब्रेव्स्टर	ब्रिटेन	1816
बाइसिकिल	किर्कपैट्रिक मैकमिलन	ब्रिटेन	1839
बिजली का जेनरेटर	माइकेल फैराडे	ब्रिटेन	1831
बिजली का बल्ब	टॉमस एडिसन	अमरीका	1879
बिलियर्ड	हेनरिक डेविने	फ्रांस	1571

आविष्कार	आविष्कर्ता	देश	तिथि
बेसिमर कन्वर्टर	सर हेनरी बेसिमर	ब्रिटेन	1856
बैरोमीटर	इवानजेलिस्ता टॉरीसेली	इटली	1643
भाप का इंजन	जेम्स वाट	ब्रिटेन	1765
मशीनगन	रिचार्ड जे० गैटलिंग	अमरीका	1861
यांत्रिक प्रशीतन	जैकब पर्किन्स	ब्रिटेन	1834
रक्षा नौका	हेनरी ग्रेटहेड	ब्रिटेन	1789
रबर, वल्कनीकृत	चार्ल्स गुडईयर	अमरीका	1839
रेडियो	गुगल्येल्मो मार्कोनी	इटली	1895
लाइनोटाइप मशीन	ओटमार मर्जेन्थेलर	अमरीका	1885
लिथो छपाई	एलियस सेनेफेल्डर	जर्मनी	1796
वर्णक्रमदर्शी (स्पेक्ट्रोस्कोप)	सर आइज़क न्यूटन	ब्रिटेन	1672
वायवीय टायर	जॉन बी० डनलप	उत्तरी आयरलैंड	1888
वाष्पचालित रेल इंजन	रिचार्ड ट्रेविथिक	ब्रिटेन	1804
विद्युत् चुम्बक	विलियम स्टर्जियन	ब्रिटेन	1825
संयुक्त सूक्ष्मदर्शी	ज़खारियाज़ जानसेन	नीदरलैंड	1590
साइक्लोट्रॉन	अर्नेस्ट ओ० लारेन्स	अमरीका	1931
सिनेमास्कोप	हेनरी क्रेटिन	फ्रांस	1931
सुरक्षा पिन	वाल्टर हण्ट	अमरीका	1849
स्टीम बोट	रॉबर्ट फुल्टन	अमरीका	1807
स्टेथॉस्कोप	रेने लेनेक	फ्रांस	1816
स्वचालित बन्दूक	जॉन एम० ब्राउनिंग	अमरीका	1918
हवाई जहाज़	विल्बर राइट और ओरविल राइट	अमरीका	1903
हवाई पम्प	ओटो वान गेरिक	जर्मनी	1654
हवाई ब्रेक	जार्ज वेस्टिंगहाउस	अमरीका	1868

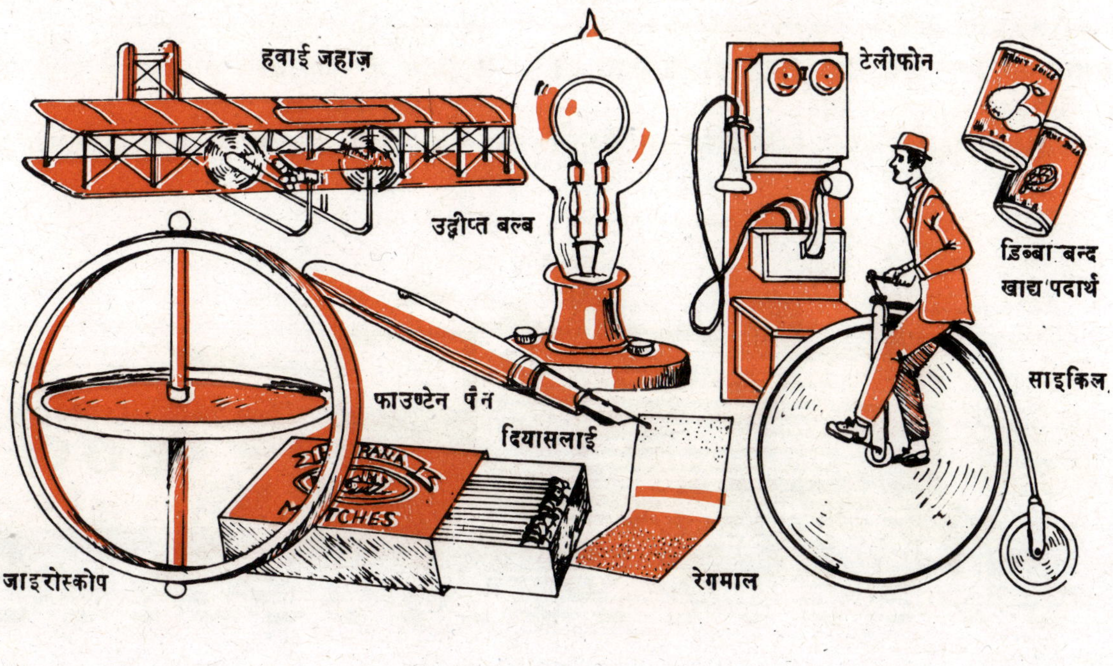

अंडे सेने की मशीन

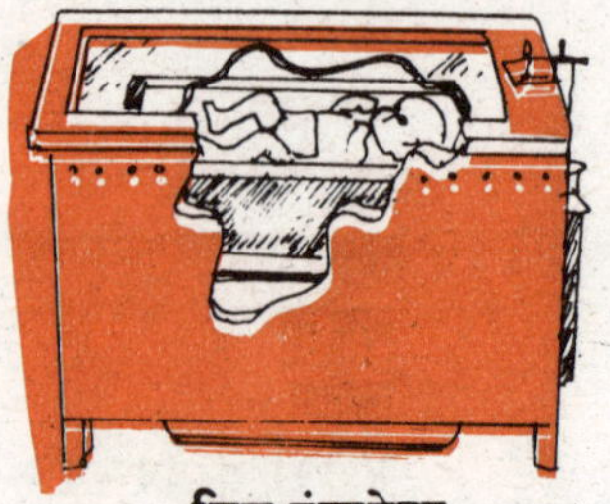

शिशु इंक्यूबेटर

इंक्यूबेटर (INCUBATOR) : मुर्गी अपने अंडों को सेने के लिए उनपर कई दिनों तक बैठती है। इससे अंडों को बहुत हल्की गर्मी मिलती है। इस तरह वह अपने अंडों से बच्चे तैयार करती है। अगर उसी तरह की गर्मी दूसरे तरीकों से अंडों को पहुंचाई जाए तो भी अंडों से बच्चे निकल आएंगे। इस तरह गर्मी पहुंचाकर कृत्रिम ढंग से बच्चा पैदा कराने के लिए एक मशीन बनाई गई है। इस मशीन को इंक्यूबेटर या ऊष्म-नियंत्रक कहते हैं।

इंक्यूबेटर एक प्रकार की अंगीठी है। शुरू में इसे तेल की बत्तिया जलाकर गरम रखा जाता था। इसमें बहुत सावधानी बरतनी पड़ती थी। इस बात का खतरा बना रहता था कि कहीं यह अधिक गर्म या ठंडा न हो जाए। आजकल अधिकांश इंक्यूबेटर बिजली से गरम रखे जाते हैं। उनको एक समान तापमान पर रखना आसान होता है। अंडों को समय-समय पर उलटते-पलटते रहते हैं, ताकि वे समान रूप से गरम रह सकें। इंक्यूबेटर के भीतर की हवा ताज़ी नम और गरम रहनी चाहिए।

एक दूसरी तरह के इंक्यूबेटर अस्पतालों में काम में आते हैं। ये इंक्यूबेटर ऐसे बच्चों के लिए होते हैं जो पैदा होने पर बहुत छोटे और दुर्बल होते हैं। उनको उतना ही गरम रखने की ज़रूरत होती है जितनी गर्मी उन्हें मां के पेट में मिलती रही है। वे जल्द ही बड़े और ताकतवर हो जाते हैं और फिर उन्हें इंक्यूबेटर से निकाल लिया जाता है।

इंजन (ENGINES) : हम अपने बहुत-से काम इंजनों की सहायता से करते हैं। इन इंजनों को ताप से चलाया जाता है। ताप से चलनेवाले इंजन कई तरह के होते हैं।

सबसे पहले ताप से चलनेवाला एक इंजन हीरो नामक एक यूनानी ने बनाया था। यह आज से 2100 वर्ष पुरानी बात है। एक पतीली में पानी भरकर उसके नीचे आग जलाई जाती थी। इससे पतीली के पानी से भाप तैयार होती थी। भाप निकलकर एक नली द्वारा एक खोखले गोलक के भीतर पहुंचती थी। गोलक में दो घुमावदार नलियां लगी हुई थीं जिनके द्वारा भाप बाहर निकलती थी। नलियों से निकलती हुई भाप की धार नलियों को पीछे की ओर ठेलती थी जिससे गोलक नाचने लगता था।

हीरो की कल्पना बड़ी महत्त्वपूर्ण थी। लेकिन लोगों ने हीरो के इंजन को सिर्फ एक खिलौना समझकर छोड़ दिया। उसके आधार पर दूसरी कोई चीज़ नहीं बन पाई। इसके 1800 वर्ष बाद ही जाकर कहीं भाप के इंजनों का प्रयोग शुरू हुआ। इस बार इन्हें एक नई तरकीब से बनाया गया था। बॉयलर से निकली हुई भाप एक सिलिंडर पर आकर टकराती थी। यहां पर एक घूमनेवाली डिस्क लगी रहती थी। इसे पिस्टन कहा जाता है। भाप के ज़ोर से पिस्टन घूमने लगता था। पिस्टन के साथ जो भी चीज़ जुड़ी रहती थी वह पिस्टन के साथ ही घूमती थी। सबसे पहले प्रयोग में आनेवाले इंजनों में पिस्टन के साथ एक छड़ लगी रहती थी। यह छड़ एक पंप को चलाती थी। यह इंजन 1698 में बनाया गया था। इसका इस्तेमाल कार्नवाल की एक जस्ते की खान से पानी उलीचने के लिए किया जाता था।

हम जेम्स वाट को भाप के इंजन का आविष्कर्ता

भाप का रेल इंजन

हीरो का इंजन भाप से चलता था।

मानते हैं। सबसे पहले उसने ही भाप का एक ऐसा इंजन बनाया जो खासी अच्छी तरह से काम करता था। इसके इंजन में आगे-पीछे सरकनेवाला एक वाल्व लगा हुआ था। इससे भाप निकलकर पहले एक ओर लगे एक पिस्टन से टकराती थी और फिर दूसरी ओर लगे दूसरे पिस्टन से।

रेल का आधुनिक इंजन वाट की परिकल्पना पर ही बनाया गया है। इसमें सरकनेवाला वाल्व पिस्टन के ऊपर होता है। वाल्व भाप को पिस्टन की एक ओर से भरने देता है, और दूसरी ओर से निकलने देता है। इस तरह के भाप के इंजनों से एक ज़माने में रेल के अतिरिक्त जहाज़, खेती की मशीनें, भाप के बेलचे, पम्प, खम्भा गाड़ने की मशीनें और दूसरी कई तरह की मशीनें चलाई जाती थीं। आज अधिकांश कामों में भाप के टरबाइनों और दूसरी तरह के इंजनों का उपयोग होता है।

भाप के टरबाइनों में भी भाप की शक्ति से काम लिया जाता है। लेकिन टरबाइन में भाप पिस्टन पर टक्कर मारने के स्थान पर धातु के अनेक मुड़े हुए ब्लेडों से टकराती है। टरबाइन के ब्लेड एक पहिए में लगे रहते हैं जो एक छड़ पर चढ़ा रहता है। इस पहिए को रोटर कहते हैं। रोटर धातु के एक भारी केस के भीतर लगा रहता है। भाप रोटर ब्लेडो से इतने वेग से टकराती है कि रोटर बहुत तेज़ी से चक्कर काटने लगता है और जब यह चक्कर काटता है तो इससे दूसरे पहिए भी घूमने लगते हैं। अनेक बिजलीघरों में भाप के टरबाइन लगे होते हैं। इनसे बड़े-बड़े जेनरेटर चलते हैं जो बिजली पैदा करते हैं।

भाप के इंजनों और टरबाइनों में भाप तैयार करने के लिए एक बॉयलर में पानी भरा होता है। बॉयलर के नीचे ईंधन जलाया जाता है ताकि भाप तैयार हो सके।

मोटरगाड़ियों में लगनेवाले इंजन भी ताप से चलते हैं, लेकिन इनमें और भाप से चलनेवाले इंजनों में अन्तर इस बात का है कि मोटरगाड़ियों के इंजन में ईंधन अर्थात् पेट्रोल इंजन के भीतर ही जलता है।

मोटरगाड़ी के इंजन में कम से कम चार सिलिंडर लगे रहते हैं। हर सिलिंडर में एक पिस्टन लगा होता है जो ऊपर-नीचे घूम सकता है। हर सिलिंडर में एक छेद होता है जिसके रास्ते हवा और ईंधन का मिश्रण भीतर आ सकता है। इसमें एक स्पार्किंग प्लग लगा होता है। स्पार्किंग प्लग हवा और ईंधन के मिश्रण को जलाने का काम करता है। इसके अलावा इसमें एक रास्ता भी बना होता है जिससे जली हुई गैस बाहर निकलती है।

किसी चीज़ के जलने के लिए हवा की ज़रूरत होती है। इसलिए सिलिंडर में पहुंचने के पहले यह ज़रूरी होता है कि पेट्रोल गैस के रूप में आ जाए और उसमें हवा मिल जाए। यह मिलावट जिस भाग में होती है उसे कार्ब्यूरेटर कहते हैं। जब पेट्रोल का इंजन चलता है तो हर सिलिंडर में क्रमशः चार झटके लगते हैं। पहले पिस्टन नीचे जाता है और गैस तथा हवा का मिश्रण कार्ब्यूरेटर के पिस्टन में भर जाता है (पहला झटका)। फिर पिस्टन ऊपर उठता है (दूसरा झटका)। अब यह इस मिश्रण को बहुत छोटी-सी जगह में कस देता है। फिर एक चिनगारी स्पार्किंग प्लग से निकलकर यहां पहुंचती है जिससे गैस का विस्फोट हो उठता है। इस विस्फोट से पिस्टन फिर नीचे चला जाता है (तीसरा झटका)। फिर पिस्टन ऊपर उठता है और बेकार गैस को बाहर निकाल देता है (चौथा झटका)। एक छड़ पिस्टन को क्रैंकशैफ्ट से जोड़े रहती है। पिस्टन के घूमने से क्रैंकशैफ्ट भी घूमता है और क्रैंकशैफ्ट के घूमने से ही कार के पहिए घूमने लगते हैं।

अगर किसी कार में सिर्फ एक ही सिलिंडर लगा हो तो

प्रारंभिक भाप के इंजन कोयला-खानों का पानी सूतने के काम आते थे।

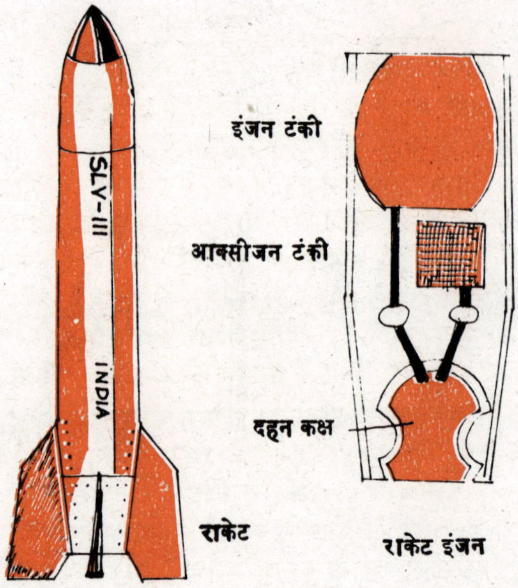

राकेट अंतरिक्ष में जा सकते हैं, क्योंकि वे जलाने के लिए ऑक्सीजन साथ रखते हैं, जो प्रायः संपीड़ित द्रव रूप में होती है।

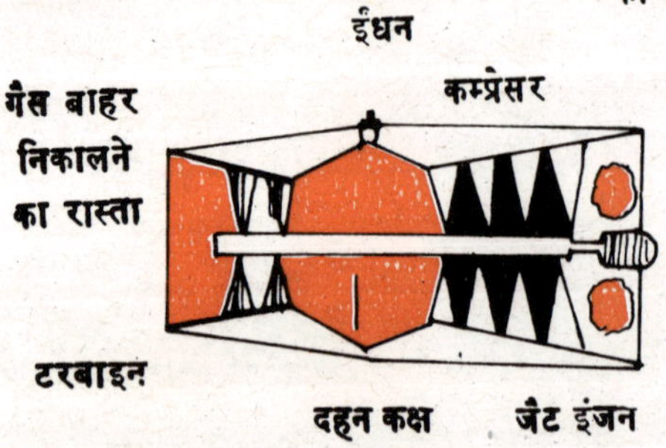

जेट इंजन को लगातार हवा चाहिए। हवा संपीड़ित हो दहन कक्ष में जाती है और ईंधन से मिल जाती है। इस मिश्रण के जलने से ही इंजन को शक्ति मिलती है।

वह खरगोश की तरह उछलती हुई चलेगी, क्योंकि पिस्टन के चार झटकों में सिर्फ एक ही झटका ऐसा है जिससे मोटर-गाड़ी के चलने में सहायता मिलती है। इस झटके को शक्तिवाला झटका कह सकते हैं। यह झटका तीसरा होता है। यह झटका कार के हर सिलिंडर में क्रमशः पैदा होता है। अधिकतर मोटरगाड़ियों में छः से आठ तक सिलिंडर लगे होते हैं। पेट्रोल के ऐसे इंजन भी बन चुके हैं जिनमें अट्ठाइस सिलिंडर तक होते हैं। एक सिलिंडर वाले इंजन सिंचाई आदि के कामों में बहुत उपयोगी सिद्ध होते हैं।

अधिकांश रेलों और पानी के जहाज़ों में भाप के इंजनों का स्थान डीज़ल इंजनों ने ले लिया है। अनेक लारियों में पेट्रोल इंजन के स्थान पर डीज़ल इंजन काम में लाए जा रहे हैं। डीज़ल इंजन बहुत कुछ पेट्रोल इंजन जैसे ही होते हैं। लेकिन ये बनावट में अधिक सादे होते हैं। साथ ही, डीज़ल इंजन में जिस तेल का ईंधन के रूप में उपयोग होता है वह पेट्रोल से सस्ता होता है।

डीज़ल इंजन में भी पेट्रोल इंजन की भांति ही सिलिंडर लगे रहते हैं। लेकिन इनमें स्पार्किंग प्लग या कार्ब्यूरेटर नहीं लगे होते। पिस्टन के नीचे जाने के साथ ही हवा सिलिंडर के भीतर भर जाती है। फिर पिस्टन ऊपर उठकर हवा को एक संकरी जगह में कस देता है। इस तरह दबाव पड़ने से हवा बहुत गर्म हो उठती है। फिर एक मज़बूत पंप से थोड़ा-सा ईंधन सिलिंडर में पिचकारी की धार के रूप में आता है। हवा इतनी गरम हुई रहती है कि तेल विस्फोट कर उठता है और इसके धक्के से पिस्टन नीचे चला जाता है। फिर पिस्टन ऊपर उठता है और उसके दबाव से बेकार गैस बाहर निकल जाती है।

डीज़ल इंजन भारी और बृहदाकार होता है। डीज़ल इंजन के सिलिंडर की दीवारें बहुत मज़बूत होनी चाहिए। यही कारण है कि साधारण मोटरगाड़ियों में डीज़ल इंजन नहीं लगते।

डीज़ल इंजन की रेलगाड़ियों और जहाज़ों में इंजन रेलगाड़ी या जहाज़ को सीधे नहीं चलाता है। इसके स्थान पर वह जेनरेटर को चलाता है। फिर जेनरेटरों से बिजली पैदा होकर मोटरों में पहुंचती है। इन मोटरों द्वारा रेल-

कार के इंजन का हर सिलिंडर हर चौथे झटके पर शक्ति प्रदान करता है। इन इंजनों में आम तौर पर छः या आठ सिलिंडर होते हैं।

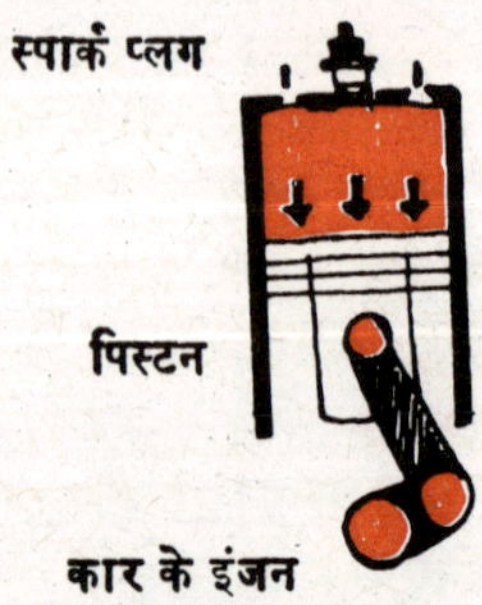

कार के इंजन
का सिलेंडर

गाड़ी के इंजन के पहिए और जहाज़ के प्रोपेलर घूमने लगते हैं।

लगभग 2000 वर्ष बाद ही वैज्ञानिक हीरो की प्राचीन परिकल्पना पर पहुंच सके। उन्होंने एक ऐसे इंजन का आविष्कार किया जो जेट-चालित है। लेकिन जेट इंजन हीरो के इंजन की तरह भाप की धार पीछे की ओर नहीं फेंकते हैं। भाप के स्थान पर इनसे बहुत गरम गैस निकलती है। अगर हम चाहें तो किसी गुब्बारे को जेट इंजन की तरह चला सकते हैं। अगर हम गुब्बारे में हवा भरें और उसका मुंह बंद किए बिना उसे छोड़ दें तो वह सीधा आगे की ओर उड़ेगा। इसमें होता यह है कि भीतर की हवा बाहर की ओर दौड़ती है। हवा मुंह के रास्ते से निकलकर धक्का-सा देती है और इस तरह गुब्बारा आगे की ओर उड़ता है।

आजकल कई तरह के जेट इंजन प्रचलित हैं। टर्बोजेट इंजन में एक कम्प्रेसर होता है जो हवा को दहन-कक्ष में ठेलता है। इस कक्ष में भी ईंधन फुहार के रूप में आता रहता है। एक चिनगारी इस मिश्रण को जला देती है। इस तरह गरम गैस बाहर निकलती है। बाहर निकलने के क्रम में यह आकर टरबाइन के ब्लेडों पर टक्कर खाती है और उसे घुमाती है। टरबाइन कम्प्रेसर को घुमाता रहता है। जेट विमान बहुत तेज़ी से उड़ सकते हैं। इनमें से कुछ तो ध्वनि की गति से भी तेज़ उड़ सकते हैं।

जेट इंजन की तरह ही, राकेट इंजन भी, गरम गैसों को बाहर फेंकने के द्वारा ही चलते हैं। लेकिन राकेट इंजनों में हवा की आवश्यकता नहीं होती। ये अपनी ऑक्सीजन अपने साथ ही लेकर चलते हैं। ऑक्सीजन हवा का वह अंश है जिसकी आवश्यकता किसी चीज़ के जलने में पड़ती है। राकेट इंजन राकेट को सैकड़ों मील ऊपर ले जा सकते हैं। दूसरे शब्दों में ये साधारण हवाई जहाज़ों की ऊंचाई से बहुत अधिक ऊपर जा सकते हैं। ऐसा भी दिन आ सकता है जब राकेट विमानों के द्वारा हम चन्द्रमा या बाह्य अंतरिक्ष के किसी दूसरे ग्रह की यात्रा कर सकेंगे।

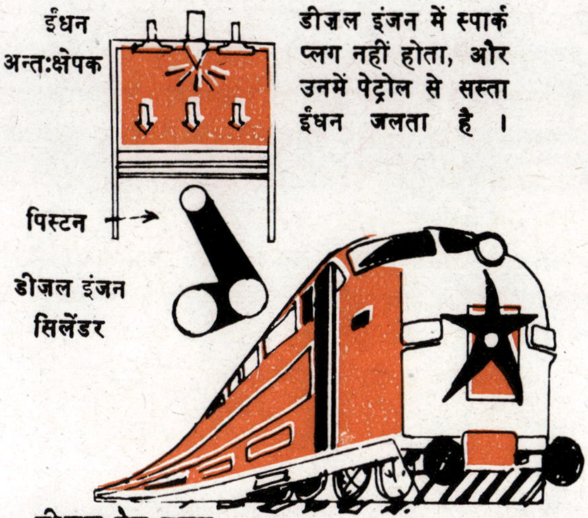

डीज़ल रेल इजन

आधुनिक परमाणु-चालित बिजलीघरों में जेनरेटर भाप के टरबाइनों से चलते हैं, और भाप रिएक्टर के ताप से बनती है।

अब ताप से चलनेवाले इंजनों का एक नया युग आ गया है। अभी हाल तक ताप से चलनेवाले हर इंजन में ताप पैदा करने के लिए कुछ ईंधन जलाना पड़ता था। 1954 में एक परमाणु-चालित पनडुब्बी बनाई गई। उसी वर्ष एक परमाणु-चालित बिजलीघर भी स्थापित हुआ। इसमें ताप एक रिऐक्टर द्वारा प्राप्त होता है। रिऐक्टर में यूरेनियम के परमाणु दूसरे पदार्थों के परमाणुओं में परिवर्तित होते हैं। जब वे ऐसा करते हैं तो उनसे अपार ताप निकलता है। इस ताप की सहायता से पानी को भाप के रूप में परिवर्तित किया जाता है। परमाणु-चालित इजनों द्वारा दुनिया में बहुत बड़ा परिवर्तन आ जाएगा।

एक्स-रे (X-RAYS) : एक लड़का, जिसकी बांह टूट गई है, डाक्टर के पास आता है। डाक्टर टूटी हड्डी को बैठा देता है। लेकिन क्या हड्डी ठीक तरह बैठ गई ? क्या उसकी बांह फिर से सीधी और मज़बूत हो सकेगी ? डाक्टर इस बात का जल्दी ही पता लगा सकता है। यह जानने के लिए वह उसका एक्स-रे चित्र ले सकता है।

अगर किसी बच्चे ने सेफ्टी पिन खा ली है तो एक्स-रे चित्र यह बता देगा कि पिन उसके पेट में चली गई या गले में ही कहीं अटकी है।

मान लीजिए किसी आदमी के दांत में दर्द हो रहा है। दांत ऊपर से देखने में मज़बूत है, लेकिन शायद उसकी जड़ में कोई घाव हो गया है। एक्स-रे चित्र की सहायता से दंत-चिकित्सक घाव का पता लगा लेगा।

साधारण चित्र रोशनी की सहायता से खींचे जाते हैं। रोशनी बांह, छाती या दांत के भीतर नहीं जा सकती। एक्स-किरणें बहुत-सी ऐसी चीज़ों में भी प्रवेश कर सकती हैं, जिनमें रोशनी प्रवेश नहीं कर सकती।

सच पूछिए तो एक्स-रे चित्र एक तरह का छायाचित्र होता है। एक्स-किरणें हड्डी की अपेक्षा मांस में अधिक आसानी से प्रवेश कर सकती हैं। यही कारण है कि एक्स-रे द्वारा हाथ का चित्र लेने पर हड्डियां साफ दिखाई पड़ती हैं।

सन् 1895 से पहले कोई एक्स-रे चित्र नहीं ले सकता था, क्योंकि तब तक एक्स-किरणों की खोज नहीं हो पाई थी। सन् 1895 में रोएंतजेन नामक एक जर्मन वैज्ञानिक ने एक्स-किरणों का पता लगाया। इसके पहले चूंकि वैज्ञानिकों को एक्स-किरणों का पता नहीं था, इसलिए एक्स-किरणों द्वारा उन्हें कितनी ही परेशानियां भी होती थीं। उदाहरण के लिए, उनसे फोटो की प्लेटें खराब हो जाती थीं।

एक्स-किरणों का आविष्कार होने के सालों पहले से वैज्ञानिक शीशे की छोटी नलियों में, जिन्हें क्रूक्स नलियां कहते हैं, इलेक्ट्रॉन की किरण गुज़ारते थे। इन नलियों में से अधिकांश हवा बाहर निकाल दी गई होती थी। कोई नहीं जानता था कि इन नलियों से रोशनी के अतिरिक्त एक प्रकार की अदृश्य किरणें भी निकलती थीं। जब रोएंतजेन ने एक्स-किरणों का पता लगा लिया, तो वैज्ञानिकों को इस बात का पता चला कि क्रूक्स नलियों से निकलनेवाली एक्स-किरणें ही उनके कैमरों की प्लेटों को खराब करती थीं। एक्स-किरणों की खोज के बाद, इन्हें पैदा करने के लिए अधिक अच्छी नलियां तैयार की गईं। आजकल की एक्स-रे नलियों से एक्स-किरणों की एक सशक्त धार निकलती है।

कभी-कभी डाक्टर एक्स-रे चित्र लेने की बजाय रोगी को एक विशेष प्रकार के परदे के सामने खड़ा कर देता है। इस परदे पर एक तरह के रसायन की पर्त चढ़ी होती है जो एक्स-किरणों के पड़ने पर चमकने लगती है। परदे पर रोगी के शरीर की परछाईं को देखकर डाक्टर यह पता लगा लेता है कि उसमें क्या गड़बड़ी है।

रोग के निदान में डाक्टर की सहायक होने के अलावा, एक्स-किरणें और भी कई काम करती हैं। इनसे कुछ रोगों की चिकित्सा भी की जाती है। इनसे हवाई जहाज़ के इंजन, बाल बेयरिंग, रबर के टायर और रेडियो के वाल्व बनाने में बहुत मदद मिलती है। एक्स-रे चित्रों की सहायता से इनके ऐसे दोषों का भी पता चल जाता है जो ऊपर से दिखाई नहीं देते।

लेकिन एक्स-किरणों से बहुत हानि भी हो सकती है। यदि इनका प्रयोग सावधानी से न किया जाए तो ये बहुत बुरी तरह जला सकती हैं।

एलीवेटर (ELEVATOR) : यदि हमें हर रोज़ कई-कई ज़ीने चढ़ना और उतरना पड़े तो हममें से कोई भी किसी बहुत ऊंची इमारत में रहना या काम करना पसन्द नहीं करेगा। दरअसल गगनचुम्बी इमारतें बननी ही तब शुरू हुईं जब पहले एलीवेटर ईजाद हो गए। अमरीका की एम्पायर स्टेट बिल्डिंग संसार की सबसे ऊंची गगनचुम्बी इमारत है। इसके एलीवेटर-कूपों की कुल लम्बाई कई मील बैठती है।

एलीवेटर या लिफ्ट एक ऐसी केबिन है जो कूप जैसे एक चौकोर गर्त में ऊपर-नीचे एक मंज़िल से दूसरी मंज़िल पर ले जाई जा सकती है। यह केबिन ऊपर से तार के रस्सों (केबिल) से बंधी होती है जो कूप की चोटी पर लगी घिरनियों पर घूमते हैं। इन रस्सों के दूसरे सिरे पर केबिन के लगभग बराबर वज़न का एक 'भार' बंधा रहता है। जब एलीवेटर ऊपर जाता है तो 'भार' नीचे आता है और जब एलीवेटर नीचे आता है तो 'भार' ऊपर जाता है।

पहले एलीवेटर जल-शक्ति से चलते थे। लेकिन अब इनके लिए हल्की रफ्तार की पावर-मोटरें लगाई जाती हैं जो घिरनियों को घुमाती हैं। कुछ एलीवेटर स्वचालित होते हैं। केबिन में घुसकर बटन दबाते ही एलीवेटर मनचाही मंज़िल पर पहुंच जाता है।

यदि एलीवेटर के रस्से किसी कारण से टूट जाएं तो उसमें सवार व्यक्तियों को निश्चय ही भारी चोट ग्राएगी। इसीलिए सुरक्षा के वास्ते एलीवेटर में ब्रेक लगे होते हैं, जो उसे गिरने से रोकते हैं।

कुछ इमारतों में एलीवेटर की बजाय ऊपर-नीचे घूमने-वाले ज़ीने लगाए गए हैं, जिन्हें एस्केलेटर कहते हैं। लेकिन ये एक तो बहुत जगह घेरते हैं, दूसरे इनकी रफ्तार

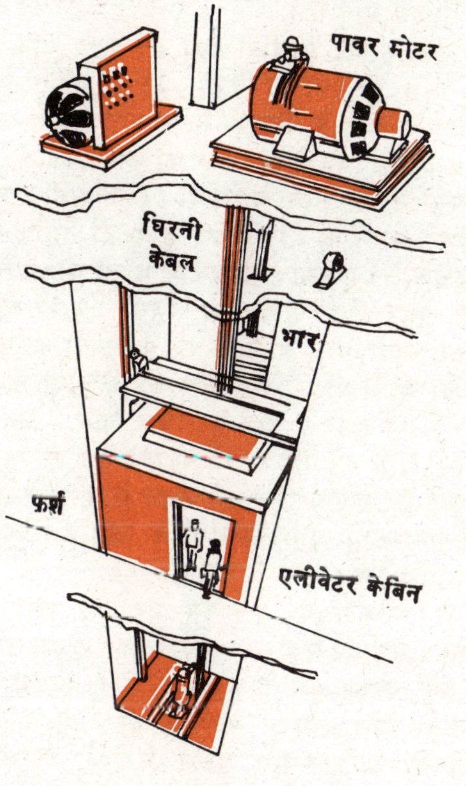

भी धीमी होती है। इसलिए ये शायद कभी भी एलीवेटर की जगह नहीं ले सकेंगे।

एलीवेटर, ग्रेन (GRAIN ELEVATOR) : ग्रमरीका ग्रौर कनाडा में, जहां ग्रनाज बहुत पैदा होता है, जगह-जगह ग्रेन एलीवेटर या विराट ग्रन्न-भंडार नज़र ग्राते हैं। हर गांव में कम से कम एक ग्रेन एलीवेटर तो ज़रूर होता है।

ग्रेन एलीवेटर में ग्रनाज भरने के लिए बड़े-बड़े ऊंचे पीपे रहते हैं। ग्रनाज को ऊपर पीपों के मुंह तक पहुंचाने की व्यवस्था होती है, ग्रौर इसीलिए ये एलीवेटर कहलाते हैं।

कुंग्रों में जैसे रहट चलता है, उसी तरह परस्पर जुड़ी बाल्टियों की एक बहुत बड़ी चेन ऊपर-नीचे घूमती रहती है। ये बाल्टियां ग्रनाज से भरकर ऊपर जाती हैं ग्रौर खाली होकर फिर नीचे लौट ग्राती हैं। कहीं-कहीं एक बड़े पाइप से पम्प द्वारा ग्रनाज ऊपर खींचा जाता है।

ग्रेन एलीवेटर में लाखों बुशेल अनाज आ जाता है।

ग्रनाज यदि ग्रच्छी तरह सूखा न हो तो वह जल्दी ही खराब हो जाता है। इसलिए एलीवेटर पर ऐसी मशीनें लगी होती हैं जो ग्रनाज को भरने से पहले ग्रच्छी तरह सुखा देती हैं, साफ कर देती हैं ग्रौर तोल भी देती हैं।

एलीवेटर से किसानों को बड़ी सहूलियत रहती है। वे फसल के कटते ही उसे सीधे ग्रेन एलीवेटर पर ले ग्राते हैं। एक बड़े एलीवेटर में, जैसाकि तस्वीर में दिखाया गया है, लाखों बुशेल ग्रनाज जमा किया जा सकता है। हाल ही में हमारे देश में हापुड़ में एक ग्रेन एलीवेटर लगाया गया है।

'ग्रोल्ड ग्रायरनसाइड्स' (OLD IRONSIDES) : ग्रमरीकी नौसेना के एक बहुत ही मशहूर जहाज़, कांस्टीट्यूशन, का नाम 'ग्रोल्ड ग्रायरनसाइड्स' पड़ गया है।

यह जहाज़ 1797 में बना था। इसने समुद्री डाकुग्रों ग्रौर ग्रंग्रेज़ी जहाज़ों के साथ 40 लड़ाइयां लड़ीं। पर यह किसी में भी कभी पराजित नहीं हुग्रा।

1830 में जब यह जीर्ण हो गया तो ग्रमरीकी नौसेना ने इसे कबाड़ में डालने का निश्चय किया। लेकिन ग्रमरीकी कवि ग्रॉलीवर वेण्डेल होम्स ने नौसेना के इस निश्चय के विरोध में एक मार्मिक कविता लिखी, जिसका

शीर्षक था, 'ग्रोल्ड ग्रायरनसाइड्स'। उस कविता का लोगों पर इतना ग्रसर हुग्रा कि जहाज़ के जीर्णोद्धार के लिए तुरन्त रुपया इकट्ठा हो गया। इस तरह यह जहाज़ 25 साल समुद्र पर ग्रौर रहा।

कागज़ बनाने की प्रारंभिक विधि

1927 में स्कूल के बच्चों ने इसके लिए फिर चंदा इकट्ठा किया। इस बार इसे ठीक-ठाक करके एक तैरते संग्रहालय का रूप दे दिया गया। 'ओल्ड आयरनसाइड्स' बोस्टन के नौसेना यार्ड में अभी भी मौजूद है।

कागज़ (PAPER) : कागज़ बनने के बहुत पहले से लोग लिखना-पढ़ना जानते थे। हज़ारों वर्ष से वे पेड़ों की छाल, मिट्टी की पट्टियों, जानवरों के चमड़ों और टूटे बर्तनों के टुकड़ों पर लिखते आए थे।

सबसे पहले कागज़ आज से 1800 वर्ष पहले चीन में तैयार हुआ था। चीनियों को किसी तरह यह युक्ति सूझ गई कि सूत और पाट के चिथड़ों से कागज़ बनाया जा सकता है। कपड़ों के चिथड़ों और पेड़ों की छालों को छोटी-छोटी चिप्पियों में काट लिया जाता था। फिर पानी डालकर इन्हें कूटा जाता था और इस तरह लुगदी तैयार की जाती थी। इसके बाद एक सांचे की ज़रूरत पड़ती थी। सांचा एक समतल चद्दर जैसा होता था, जिसके चारों ओर चौखटा लगा रहता था। सांचे के पेंदे में लुगदी की एक तह बिछा दी जाती थी। फिर सांचे को हिलाया जाता था ताकि रेशे एक-दूसरे से खूब जुट-मिल जाएं। लुगदी का कुछ पानी सांचे की पेंदी में बने सूराखों से टपक जाता था। रेशे कुछ देर में एक चद्दर की शक्ल में जमकर सूख जाते थे। कभी-कभी पानी निचोड़ने के लिए उसे किसी चीज़ से दबाते भी थे।

चीनियों ने सैकड़ों वर्ष तक इस भेद को दूसरों से छिपाए रखा। सन् 704 में अरब वालों ने चीन के एक नगर समरकन्द पर कब्ज़ा कर लिया। वहां उन्हें कागज़ का एक कारखाना मिला। अरब वालों ने ही कागज़ बनाने की तरकीब का अफ्रीका और यूरोप में तथा भारत में प्रचार किया। जब आज से लगभग 500 वर्ष पहले छपाई का आविष्कार हुआ तो उसके बहुत पहले से कागज़ तैयार था।

सन् 1799 में लुई रॉबर्ट ने कागज़ बनाने की एक मशीन का आविष्कार किया। इस मशीन से कागज़ की सिर्फ एक पतली-सी पट्टी बनकर तैयार हो सकती थी। आज एक मशीन से पांच मिनट में ही पांच फुट चौड़ा और मीलों लम्बा कागज़ तैयार हो सकता है। आज सिर्फ उत्कृष्टतम कागज़ ही हाथ से तैयार किया जाता है।

आज भी सबसे उत्तम प्रकार का कागज़ चिथड़ों से तैयार किया जाता है। लेकिन अब अधिकतर कागज़ देवदारु और सनोबर की लकड़ी से बनाया जाता है।

लकड़ी से कागज़ बनने तक की कई सीढ़ियां हैं। जब लकड़ी के लट्ठे कागज़ के कारखाने में पहुंचते हैं तब उनकी छाल अलग कर दी जाती है। फिर लकड़ी को छोटी-छोटी चिप्पियों में काट लिया जाता है। इन्हें एक रसायन के साथ तब तक पकाया जाता है जब तक कि लकड़ी के रेशे एकदम

अलग-अलग नहीं हो जाते। फिर इन रेशों या लुगदी को धोकर सफेद किया जाता है। इसके बाद जिस तरह का कागज़ बनाना होता है, तथा उसके लिए जिन पदार्थों को मिलाने की आवश्यकता होती है, उन्हें लुगदी में मिला दिया जाता है।

कागज़ बनानेवाली मशीन में, एक कांसे की चलनी पर चादर की तरह लुगदी को फैला देते हैं। यह चादर एक बेलन के नीचे से होकर गुज़रती है जो कुछ नमी को निचोड़ देता है। फिर चादर सूख जाती है और यह कई गर्म बेलनों से होकर गुज़रती है। अब तैयार कागज़ को एक बड़े बेलन पर लपेटा जाता है।

कागज़ सैकड़ों तरह के होते हैं। कुछ पतले होते हैं, कुछ मोटे। कुछ कागज़ खुरदरे होते हैं, और कुछ चिकने होते हैं। कुछ को बहुत आसानी से फाड़ा जा सकता है और कुछ काफी मज़बूत होते हैं।

आज दुनिया में हर साल 300 लाख टन कागज़ तैयार किया जाता है। यह संख्या दिनों-दिन बढ़ती ही जा रही है।

कुक, जेम्स (JAMES COOK 1728-1779) : जेम्स कुक यार्कशायर के एक गांव में एक देहाती मजदूर के यहां पैदा हुए थे। वे नाविक बनना चाहते थे। 27 वर्ष की आयु में वे नौसेना में भरती हुए और केवल 4 वर्षों में अपने जहाज़ के मास्टर बन गए। वे युद्ध में अपने साहस और अपनी नौचालन की दक्षता के लिए प्रसिद्ध हुए।

रॉयल सोसाइटी ने 1768 में उन्हें दक्षिणी समुद्रों में जानेवाले 'इंडेवर' नामक जहाज़ का कप्तान बनाया। इस जहाज़ में ब्रिटेन के अनेक सुप्रसिद्ध वैज्ञानिक थे।

इंडेवर अटलांटिक पार करके दक्षिण अमरीका की दक्षिणी नोक पर पहुंचा। हार्न अंतरीप के दक्षिण से होकर वे प्रशांत में आए और ताहिती पहुंचे। कुक न्यूज़ीलैंड के दोनों

कागज बनाने की पुरानी व नई विधियां

कागज बनाने की मशीन का भीतरी दृश्य

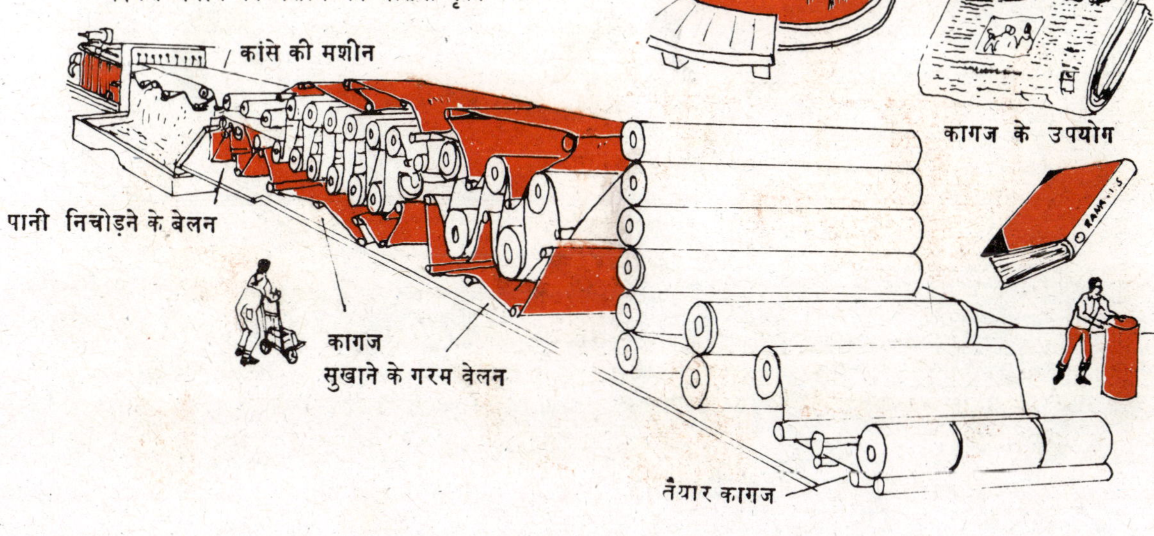

द्वीपों के बीच से गुज़रे। उन्होंने उनके किनारों को देखा।

कुक ऑस्ट्रेलिया महाद्वीप के उपजाऊ भाग में भी पहुंचे, जबकि दूसरे अन्वेषकों को उत्तर और पश्चिम के बंजर प्रदेश ही मिले। यह उनका सबसे महत्त्वपूर्ण काम था। यह भाग अब न्यू साउथ वेल्स कहलाता है। इंग्लैंड पहुंचकर जब कुक ने यह समाचार दिया तो लोग वहां बसने के लिए चल पड़े।

कुक ने दक्षिण ध्रुवीय महाद्वीप तक पहुंचने का भी प्रयत्न किया, पर वे उसमें सफल नहीं हुए। तीसरी यात्रा में हवाई द्वीप के निवासियों से उनका झगड़ा हो गया। वहां पीठ में छुरा लगने से उनकी मृत्यु हो गई।

(देखें : खोज-यात्री)

कुतुब मीनार

कुतुब मीनार (QUTUB MINAR) : दिल्ली की कुतुब मीनार भारत की सभी इमारतों से ऊंची है। विदेशों में भी इतनी ऊंची इमारतें कम ही हैं। इसकी कुल लम्बाई 238 फुट है। इसमें पांच मंज़िलें हैं।

मीनार के भीतर घुमावदार सीढ़ियां हैं, जिनसे मीनार की चोटी तक चढ़ा जा सकता है। बाहर की तरफ, शुरू की चार मंज़िलों पर एक-एक छज्जा है जो चारों ओर चला गया है। इन छज्जों की बनावट बिलकुल हिन्दू शैली की है। सबसे निचली मंज़िल बाहर की ओर से सितारे के डिज़ाइन की है। उसमें क्रम से एक गोल और एक तिकोना पहलू काटा गया है। दूसरी मंज़िल पर आधे चक्र बनते चले गए हैं, और तीसरी पर त्रिकोण। बाकी दो मंज़िलें बेलन के आकार की लम्बी गोल हैं।

यह मीनार कुतुबुद्दीन ने बनवानी शुरू की थी। पर पहली मंज़िल बनवाने के बाद ही वह मर गया। अगली तीन मंज़िलें गुलाम वंश के अल्तमश ने बनवाई। पांचवीं मंज़िल करीब डेढ़ सौ साल बाद फीरोज़शाह तुगलक ने 1368 में तैयार करवाई। पहली चार मंज़िलें लाल पत्थर की हैं, पर पांचवीं में सफेद पत्थर भी लगे हैं।

यह मीनार ऐसी लगती है मानो ज़मीन से एकाएक निकलकर आसमान को चीरती चली गई हो।

कृत्रिम श्वास यंत्र (IRON LUNG) : अगर हम श्वास न लें तो जीवित नहीं रह सकते। श्वास लेने में हवा को फेफड़ों में भरना और बाहर निकालना पड़ता है। हमारी पेशियां श्वास लेने में हमारी सहायता करती हैं। इनकी मदद से फेफड़े को सिकोड़कर हम हवा को बाहर निकालते

सुवाह्य श्वास यंत्र
टंकीनुमा श्वास यंत्र

हैं। फिर ये फेफड़े को फैला देती हैं ताकि ताज़ी हवा भीतर जा सके।

पोलियो की बीमारी में पेशियां ठीक तरह से काम नहीं कर पाती हैं। कृत्रिम श्वास यंत्र, जिसे लोह फुफ्फुस (आयरन लंग) भी कहते हैं, ऐसे रोगियों की सहायता के लिए ही बनाए गए हैं। कृत्रिम श्वास यंत्र उन सभी अस्पतालों में होते हैं जिनमें पोलियो की चिकित्सा की जाती है।

कृत्रिम श्वास यंत्र लोहे का एक बड़ा-सा खोल होता है, जिसे रोगी की छाती पर लगा दिया जाता है। एक बिजली के मोटर से खोल के भीतर हवा भरी जाती है और फिर बाहर निकाली जाती है। हवा के भरने और खाली होने से छाती के बाहरी भाग पर रह-रहकर दबाव पड़ता है। यह घटता-बढ़ता हुआ दबाव पेशियों का काम करता है। इससे श्वास-प्रश्वास में सहायता मिलती है।

कुछ दिनों तक कृत्रिम श्वास यंत्र का प्रयोग करने के बाद रोगी स्वस्थ हो जाता है। तब उसे श्वास लेने के लिए इस यंत्र की आवश्यकता नहीं रहती है। कभी-कभी पोलियो के कुछ रोगियों को वर्षों इस यंत्र के सहारे ही जीना पड़ा है।

इस यंत्र का आविष्कार सन् 1928 में हुआ था। इसने हज़ारों आदमियों की ज़िन्दगी बचाई है।

कैमरा (CAMERA) : कोलम्बस, जॉर्ज वाशिंगटन, नैपोलियन और प्राचीन काल के दूसरे प्रसिद्ध व्यक्तियों के बहुत ही बेजोड़ चित्र बने हुए हैं। परन्तु ये हाथ से बनाए चित्र हैं, फोटोग्राफ नहीं। कैमरे का आविष्कार आज से 100 वर्ष पूर्व हुआ और तभी से हमें फोटोग्राफ प्राप्त होने लगे हैं।

कैमरा एक हल्का-सा प्रकाश का बक्स है। जब इसके सामने बनी छोटी-सी खिड़की से एक शटर हटाया जाता

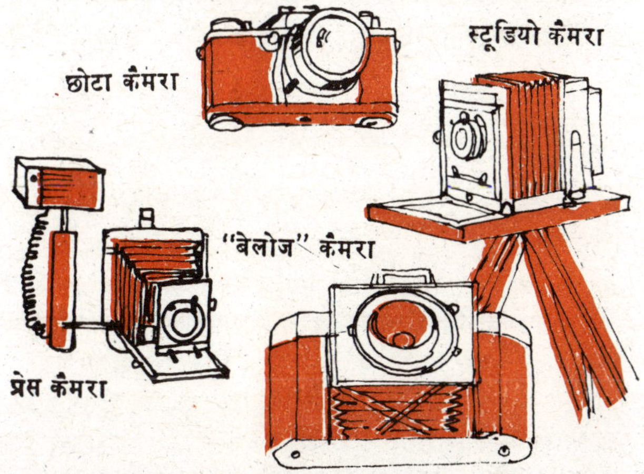

है, तभी प्रकाश इसके भीतर आ पाता है। तब खिड़की के भीतर लगे लेंस पर प्रकाश पड़ता है। बक्स के पीछे एक फिल्म या प्लेट लगी रहती है। लेंस के सामने जो चीज़ होती है उसका प्रतिबिंब इस प्लेट पर पड़ता है। इस

कैमरे के भाग

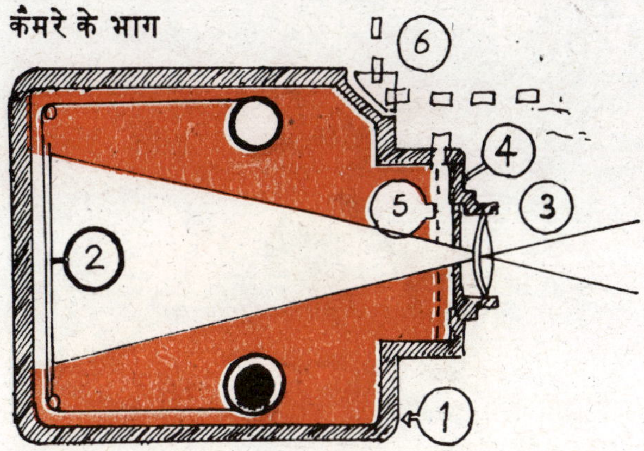

1. **कैमरा एक विशेष प्रकार का बक्स होता है, जिसमें बाहर का प्रकाश प्रवेश नहीं कर सकता।**

2. **फिल्म बक्स के पिछले भाग में रहती है। इसे खिसकाने के लिए एक पेंच होता है, ताकि एक के बाद दूसरा चित्र लिया जा सके।**

3. **लेंस कैमरे की आंख है। लेंस जितना अच्छा होगा कैमरे से उतना ही अच्छा चित्र लिया जा सकेगा।**

4. **डायफ्राम में एक सूराख बना होता है जिसे बढ़ाया-घटाया जा सकता है। अच्छा चित्र लेने के लिए जितने प्रकाश की आवश्यकता हो, उतने पर इसे स्थिर किया जा सकता है।**

5. **चित्र लेने के लिए शटर बहुत तेज़ी से खुलता और बन्द होता है। जब शटर खुलता है, तभी प्रकाश कैमरे के भीतर आता है।**

6. **व्यू फाइंडर फोटोग्राफर को यह दिखाता है कि उसका कैमरा क्या देख रहा है। इससे वह कैमरे को ठीक स्थिति में ला सकता है।**

पर एक रसायन लगा होता है, जो प्रकाश को बहुत आसानी से ग्रहण करता है।

सौभाग्यवश कैमरे का लेंस किसी बहुत बड़ी चीज़ का छोटा-सा चित्र फिल्म या प्लेट पर डालता है। ऐसा नहीं होता तो हम बड़ी इमारतों, बड़ी भीड़, या बादलों का चित्र ले ही नहीं सकते। चित्र लेने के बाद फिल्म या प्लेट को धोना पड़ता है, जिसे 'डेवलप' करना कहते हैं।

कैमरे का मूल्य कुछ रुपयों से लेकर कई सौ तक हो सकता है। सस्ते और महंगे कैमरे में एक प्रमुख भेद उसके लेंस की कोटि का होता है। सर्वोत्तम कैमरों के लेंस बहुत महंगे होते हैं, क्योंकि इन्हें बहुत सावधानी से तैयार किया जाता है।

चलचित्रों के कैमरे दूसरे कैमरों की ही तरह होते हैं। उनमें भेद सिर्फ यह होता है कि उनसे एक के बाद एक चित्र बहुत तेज़ी से लिए जा सकते हैं।

एशिया के खानाबदोश अभी भी तंबुओं में रहते हैं।

कैम्पिग (CAMPING) : कुछ लोग आज भी तंबुओं में रहते हैं। हममें से ज़्यादातर व्यक्ति बहुत दिन तंबुओं में रहना पसन्द नहीं करेंगे। पर कभी-कभी शहरों के भीड़-भड़क्के से दूर, किसी निराली जगह में तंबू लगाकर रहना, यानी कैम्पिग सचमुच आनन्ददायी है।

कैम्पिग के शौकीनों की अपनी-अपनी रुचियां होती हैं। कोई शिकार करना चाहते हैं तो कोई लम्बी पदयात्रा। कोई घुड़सवारी के प्रेमी हैं तो कोई तैराकी के। किसीको नौका-विहार पसन्द है तो कोई बियाबान इलाकों में ही कुछ समय रहना चाहते हैं। अपने-अपने शौक के मुताबिक वे कैम्पिग के लिए उपयुक्त जगह चुनते हैं।

जगह के चुनाव के बाद दूसरे सवाल सामने आते हैं, जैसे कपड़े, खाना, विस्तर, बर्तन और दूसरा साज-सामान। कपड़े आरामदेह और मज़बूत होने चाहिए। खाना ऐसा होना चाहिए जो जल्दी खराब न हो। बहुत-से नये आविष्कारों के कारण अब कैम्पिग पहले जितनी कठिन नहीं रही है। आजकल ऐसी नौकाएं मिलती हैं जो बहुत हल्की होती हैं। तंबू छाते की तरह ताने जा सकते हैं। हवा से फूलनेवाले गद्दे व तकिए होते हैं। सोने के लिए थैले होते हैं, जिनसे कंबलों की ज़रूरत नहीं पड़ती। मैसकिट में खाने और पकाने के बर्तन मज़े से फिट हो जाते हैं।

रेड इंडियनों के तंबू 'टेपी' कहलाते हैं।

कैम्पिग में कितने ही खतरे भी हैं, इसलिए कुछ बातों का खास ध्यान रखना चाहिए। पानी उबालकर पीना चाहिए। कम्पास (दिशासूचक यंत्र) और प्राथमिक उपचार का सामान पास रहना चाहिए। तंबू किसी बड़े पेड़ के नीचे नहीं लगाना चाहिए, क्योंकि वर्षा और तूफान में पेड़ कई बार टूटकर गिर पड़ते हैं। तंबू की जगह खुश्क और यदि संभव हो तो ढलवां होनी चाहिए। इससे बरसात में तंबू के अन्दर पानी नहीं भरता। आसपास पानी और

बालचर प्रायः शहर के बाहर खुली जगह में कैम्पिग के लिए जाते हैं।

सूखी लकड़ी मिलनी चाहिए और ज़हरीली झाड़ियां नहीं होनी चाहिए। गर्मियों में तंबू ऐसी जगह लगाना चाहिए कि उसमें हवा आ सके। एक बात और बहुत ज़रूरी है और वह यह कि सम्बन्धित अधिकारियों से पहले कैम्प लगाने के लिए आवश्यक अनुमति ले लेनी चाहिए।

कैम्प हटा लेने के बाद उस जगह की सफाई कर देनी चाहिए। खास तौर पर आग अच्छी तरह बुझा देनी चाहिए, नहीं तो कई बार इससे जंगलों में आग लग जाती है।

चित्र में लड़कों ने कैम्पिग के लिए अच्छी जगह चुनी है। आग तंबुओं से काफी दूर है। हर लड़का अपने-अपने हिस्से का काम कर रहा है। कैम्पिग की सफलता के लिए

यह जरूरी है कि हरेक अपने हिस्से का काम करे और कैम्प के नियमों का पालन करे।

कोणार्क (KONARK) : उड़ीसा में जगन्नाथपुरी के समीप समुद्र के किनारे कोणार्क के सूर्य-मंदिर के अवशेष खड़े हैं। कहा जाता है कि यह मंदिर पूरा कभी नहीं बना। किसी कारण से अधूरा ही छोड़ दिया गया था। पर यह जितना भी है अच्छे से अच्छे मंदिर से खूबसूरत है।

इसकी बाहरी दीवार डेढ़ सौ गज़ लम्बी और सौ गज़ चौड़ी है। इस मंदिर की विशेषता इसकी सजीव मूर्तियों और पगोडा शैली में है। इसे 'काला पगोडा' भी कहते हैं। यह एक चौपहलू, छतरीदार इमारत है। एक के ऊपर एक, थोड़ी-थोड़ी दूर पर, छः छतरियां और एक-एक छतरी पर छः छः और।

इस मंदिर में सूर्य के दौड़ते हुए रथ की कल्पना की गई है और ग्रहों की गजब की मूर्तियां बनी हैं। सूर्य के घोड़े हवा में उड़ते मालूम होते हैं। उनके खुर, पट्ठे, नथने, सभी जैसे फड़फड़ा रहे हैं। इसी तरह रथ के चक्के, उनकी धुरी, अरे सब चलते-से लगते हैं।

अपनी भव्य कला के लिए संसार-भर में प्रसिद्ध यह मंदिर केसरी-कुल के राजा नरसिंह ने तेरहवीं सदी में बनवाया था।

कोर्तेज़ (CORTEZ 1485–1547) : हरनांडू कोर्तेज़ का जन्म स्पेन में हुआ था। वह बचपन से ही बहुत ही साहसी और महत्त्वाकांक्षी था। 19 वर्ष की आयु में वह अपना भाग्य आजमाने के लिए वेस्ट इंडीज़ गया। वहां वह कुछ दिन तो खेती करता रहा और फिर क्यूबा का मेयर हो गया।

1518 में कोर्तेज़ 11 जहाज़ों और कई सौ लोगों के साथ मेक्सिको-विजय के लिए चल पड़ा। मेक्सिको के राजा मौंटेज़ुमा ने अपने दो सामंतों और 100 दासों को सोने की भेंट लेकर कोर्तेज़ के पास भेजा। उसने सोचा कि आत्रोना सोना लेकर लौट जाएंगे। पर कोर्तेज़ ने अपने 300 घुड़-सवारों और बढ़िया हथियारों से 20.000 अज़्तेक सैनिकों को हरा दिया। मौंटेज़ुमा बन्दी बना लिया गया।

अज़्तेक लोगों ने विद्रोह किया। मौंटेज़ुमा मारा गया। कोर्तेज़ को नगर से भागना पड़ा। वह शीघ्र ही लौट आया और स्वयं मेक्सिको का राजा बन गया। पर स्पेन के राजा ने उसका मेक्सिको पर शासन करने का अधिकार स्वीकार नहीं किया। (देखें : खोज-यात्री)

कोलम्बस, क्रिस्टोफर (CHRISTOPHER COLUMBUS 1446–1506) : 3 अगस्त 1492 की बात है। स्पेन में पेलोस बन्दरगाह से तीन छोटे जहाज़ चले। वे सुदूर पूर्व पहुंचने का छोटा मार्ग खोजने निकले थे। उनका कमांडर क्रिस्टोफर कोलम्बस था।

कोलम्बस इटली के जिनोआ नगर में पैदा हुआ था और अनेक बार समुद्र-यात्रा कर चुका था। उन दिनों यूरोप का प्रत्येक देश चाहता था कि पूर्व तक पहुंचने का कोई छोटा मार्ग मिल जाए। कोलम्बस ने सोचा : पृथ्वी गोल है। इसलिए यदि मैं पश्चिम में जाऊं तो पूर्व के देशों में पहुंच सकता हूं। चीन और भारत, जो पूर्व की ओर फैले हुए हैं, पश्चिम की ओर से बहुत दूर नहीं होंगे।

तीनों जहाज़ कैनेरी द्वीप पहुंचे। वहां से 9 सितम्बर को वे पश्चिम की ओर बढ़े। वे लोग कई हफ्ते चलते रहे। अंत में उन्हें थल दिखाई दे गया। वे वहां उतरे। कोलम्बस

कोलम्बस ने स्पेन के राजा और रानी को विश्वास दिलाया कि वह पूर्व जाने का छोटा रास्ता खोज सकता है।

मल्लाह निराश होने लगे, पर कोलम्बस ने हिम्मत नहीं हारी।

ने इस द्वीप का नाम सैन सैल्वेडोर रखा। यह बहामा द्वीपसमूह में है। कोलम्बस एक द्वीप से दूसरे द्वीप पर गया। वहां उसे कुछ गांव मिले जिनमें श्यामल रंग के लोग रहते थे। कोलम्बस ने समझा कि वह 'इंडिया' के निकट है। इसलिए उसने वहां के निवासियों को इंडियन कहा।

दूसरी बार कोलम्बस 1 हज़ार मनुष्य और 17 जहाज़ लेकर गया। पर केवल द्वीप ही मिले। अपनी तीसरी यात्रा में वह दक्षिण अमरीका के तट पर पहुंचा। उसने समझा कि यह भी पूर्व के मार्ग में एक द्वीप है। उसने नई दुनिया की एक और यात्रा की। पर उसे धन नहीं मिला।

मृत्यु के समय भी उसका यही विश्वास था कि अमरीका पूर्व की ओर के मार्ग में आनेवाला एक द्वीपसमूह है। (देखें : खोज-यात्री)

खोज-यात्री (EXPLORERS) : पिछले हज़ारों वर्षों से यह दुनिया ऐसी ही है। इसके आकार में कोई वृद्धि नहीं हुई है। लेकिन पहले के मुकाबले आज हम दुनिया के कहीं बड़े भाग से परिचित हैं। आज केवल अथाह समुद्र की गहराइयां अन्वेषण से अछूती रह गई हैं, शेष संसार को अन्वेषकों ने छान डाला है।

खोज-यात्री या अन्वेषक अपनी खोज-यात्राओं पर अनेक कारणों से निकलते रहे हैं। इनमें से कुछ निरे जिज्ञासु थे। कुछ मसालों के देश (इंडोनेशिया) और भारत पहुंचने के सुगम मार्ग ढूंढने के इरादे से घर से निकले थे। कुछ यात्री धर्म-प्रचारक थे। कुछ का उद्देश्य विशाल साम्राज्य की स्थापना में योग देना था। कुछ यात्री वैज्ञानिक थे और नवीन अनुसधान करने के लिए घर से निकले थे। कुछ अमीर बनना चाहते थे और कुछ को जोखिम उठाने में ही आनन्द आता था।

दुनिया के अज्ञात भागों का पता लगाना आसान काम नहीं है। खोज-यात्रियों को भारी कठिनाइयों का सामना करना पड़ता है। कुछ लोग लौटकर अपनी खोजों का विवरण देने से पहले ही चल बसे।

खोज-यात्रियों के खोज-वृत्तांतों और खोजों का निश्चय करना भी आसान नहीं है। शुरू-शुरू में बहुत-से खोज-यात्रियों ने सच्ची घटनाओं के बहुत-से मनगढ़ंत किस्से बना लिए थे। फिर भी यह सच है कि आरम्भ के कुछ खोज-यात्रियों द्वारा सुनाई गई अजीबो-गरीब कहानियां आगे चलकर सच साबित हुईं।

यहां सुप्रसिद्ध खोज-यात्रियों की एक तालिका दी जा रही है, जिससे उनकी खोजों के बारे में भी पता चलता है :

खोज-यात्री	राष्ट्रीयता और काल	खोज
लीफ़ एरिक्सन	नार्वेवासी	लीफ़ (लीफ़ द लकी) लगभग 1000 ई० में, अर्थात् कोलम्बस के समय से लगभग 500 वर्ष पूर्व, आइसलैंड से अमरीका पहुंचा था।
मार्को पोलो	इटालियन 1254-1324	मार्को पोलो ने संपूर्ण एशिया का भ्रमण किया। वह चीन तक गया। उसके यात्रा-विवरण ने दूसरे यात्रियों को प्रेरणा दी।
हेनरी द नेविगेटर	पुर्तगाली 1394-1460	हेनरी द नेविगेटर एक पुर्तगाली राजकुमार था। उसने जहाज़ों और कम्पासों में सुधार किए और अन्वेषकों को अफ्रीकी तट तक भेजा।
क्रिस्टोफर कोलम्बस	इटालियन 1446-1506	सन् 1492 में अटलांटिक महासागर पार करता हुआ कोलम्बस पहली बार अमरीका पहुंचा। इसके बाद उसने तीन समुद्री यात्राएं और कीं।
अमरीकस वेस्पूसियस	इटालियन 1451-1512	अमरीकस वेस्पूसियस ने अमरीका के समुद्री-तटों पर हज़ारों मील का चक्कर लगाया। इसीके नाम पर उस देश का नाम अमरीका पड़ा।
जॉन कैबट	इटालियन 1450-1498	यह इटालियन अन्वेषक इंग्लैंड में नौकरी करता था। सन् 1497 में इसने न्यूफाउंडलैंड की खोज की।
वास्को द गामा	पुर्तगाली 1469-1524	वास्को द गामा अफ्रीका का चक्कर लगाकर भारत पहुंचनेवाला पहला अन्वेषक था। वह भारत से विशाल धन-राशि लेकर लौटा।
फ्रांसिसको पिज़ारो	स्पेनी 1470-1541	पिज़ारो ने पेरू में इनका लोगों के साम्राज्य की खोज की, और उसे जीत लिया। उसके प्रयत्नों से अमरीका में स्पेनी साम्राज्य की नींव पड़ी।
वास्को नुनेज़ द बाल्बोआ	स्पेनी 1475-1517	अमरीका के समुद्र-तट से प्रशांत महासागर को देखनेवाला गोरी जाति का पहला व्यक्ति था।
फर्डिनैंड मैगेलान	पुर्तगाली 1480-1521	मैगेलान विश्व-परिक्रमा के लिए निकलनेवाले पहले जहाज़ का कप्तान था। वह रास्ते में ही मर गया।
हरनांडू कोर्तेज़	स्पेनी 1485-1547	कोर्तेज़ पिज़ारो की भांति ही विजेता अन्वेषक था। उसने मेक्सिको को जीता और प्रशांत महासागर के कुछ भागों का पता लगाया।
जैकस कार्टियर	फ्रांसीसी 1491-1557	कार्टियर सेंट लारेंस नदी को पार करनेवाला पहला अन्वेषक था। उसने नदी के आसपास की सारी ज़मीन पर फ्रांस का अधिकार घोषित किया।
हरनांडू द सोटो	स्पेनी 1500-1542	अमरीका के दक्षिण-पूर्वी भाग का पता द सोटो ने ही लगाया था। अपनी यात्राओं में उसने मिसिसिपी की खोज भी की।

खोज-यात्री	राष्ट्रीयता और काल	खोज
सर फ्रांसिस ड्रेक	ब्रिटिश 1540-1596	ड्रेक और उसके साथी जहाज़ से विश्व-भ्रमण करनेवाले पहले ब्रिटिश अन्वेषक थे।
सर वाल्टर रैले	ब्रिटिश 1552-1618	रैले कई बार अमरीका गया। अपनी एक यात्रा में उसने दक्षिणी अमरीका की ओरिनोको नदी पार की।
हेनरी हडसन	ब्रिटिश ?-1611	हडसन ने चीन और भारत जाने के लिए एक उत्तरी मार्ग खोज निकालने का प्रयत्न किया। उसे सफलता नहीं मिली। लेकिन, वह हडसन नदी और हडसन खाड़ी का पता लगाने में सफल रहा।
अबेल तस्मान	डच 1603-1659	तस्मान ने आस्ट्रेलिया का चक्कर लगाया। उसने न्यूज़ीलैंड व एक और द्वीप का पता लगाया जिसे उसीके नाम पर 'तस्मानिया' कहा जाता है।
जैक्स मारक्वीट लुइस जूलियट	फ्रांसीसी 1637-1675 कनाडियन 1645-1700	मारक्वीट और जूलियट ने अधिकांश खोजें साथ-साथ की हैं। उन्होंने उत्तरी अमरीका के ग्रेट लेक्स वाले क्षेत्र का पता लगाया। मिसिसिपी नदी के प्रवाह की ओर सैकड़ों मील तक उन्होंने यात्राएं कीं। मारक्वीट धर्म-प्रचारक था।
रॉबर्ट कैवेलियर (स्यूर द ला साल)	फ्रांसीसी 1643-1687	ला साल ने मिसिसिपी की खोज की। इस नदी के उद्गम तक पहुंचनेवाला यह पहला आदमी था।
वाइटस बेरिंग	डेनमार्कवासी 1680-1741	बेरिंग जलसंधि, बेरिंग सागर और बेरिंग द्वीप के नाम इसी अन्वेषक के नाम पर हैं। यह रूस में नौकरी करता था।
जेम्स कुक	ब्रिटिश 1728-1779	कप्तान कुक ने आस्ट्रेलिया और न्यूज़ीलैंड के अधिकांश समुद्री-तटों की खोज की। उसने हवाई द्वीप-समूह का भी पता लगाया।
मेरीवेदर लेविस विलियम क्लार्क	अमरीकी 1774-1809 अमरीकी 1770-1838	लेविस और क्लार्क ने साथ-साथ संयुक्त राज्य अमरीका के पश्चिमार्ध के अधिकतर भागों की खोज की। उन्होंने मिसौरी नदी में लगभग 2000 मील यात्रा की। वे रॉकी पर्वतमाला को पार कर प्रशांत महासागर पहुंचे। उनकी यात्रा लेविस-क्लार्क अभियान के नाम से प्रसिद्ध है।
डेविड लिविंग्स्टन	ब्रिटिश 1813-1873	लिविंग्स्टन ने अफ्रीका की खोज की। बहुत दिनों तक वह गायब रहा। अंत में पत्रकार-अन्वेषक हेनरी मोर्टन स्टेनले ने उसका पता लगाया।
सर रिचार्ड बर्टन जॉन स्पेक	ब्रिटिश 1821-1890 ब्रिटिश 1827-1864	बर्टन और स्पेक ने साथ-साथ नील नदी के उद्गम का पता लगाने का प्रयत्न किया। पूर्वी अफ्रीका के बड़े भाग की खोज करने के बाद बर्टन बीमार पड़ गया। स्पेक ने अकेले अपना प्रयत्न जारी रखा और नील नदी के उद्गम, विक्टोरिया झील की खोज की।

खोज-यात्री	राष्ट्रीयता और काल	खोज
सर हेनरी स्टेनले	ब्रिटिश 1841-1904	स्टेनले ने मध्य अफ्रीका के बहुत-से भागों की खोज की। कांगो नदी के पूरे मार्ग का पता लगानेवाला वह पहला आदमी था।
रॉबर्ट पियरी	अमरीकी 1856-1920	एडमिरल पियरी उत्तरी ध्रुव पहुंचनेवाला पहला आदमी था। उसने स्की के बिना पैदल वहां पहुंचने में सफलता प्राप्त की।
फ्रिट्जोफ़ नानसेन	नार्वेवासी 1861-1930	उत्तर की दिशा में जहाज़ द्वारा तब तक कोई भी व्यक्ति नानसेन से आगे नहीं जा सका था। नानसेन ने यह यात्रा पियरी के उत्तरी ध्रुव पहुंचने के पहले की थी।
रॉबर्ट स्कॉट	ब्रिटिश 1868-1912	स्कॉट ने दो बार अंटार्कटिक की यात्रा की। अंततः वह दक्षिणी ध्रुव पर पहुंचने में सफल हुआ। किन्तु, वहां पहुंचने पर उसे पता चला कि आमनसेन पहले ही दक्षिणी ध्रुव पर पहुंच चुका है।
रोआल्ड आमनसेन	नार्वेवासी 1872-1928	आमनसेन ने दक्षिणी ध्रुव का पता लगाया। बाद में उसने हवाई जहाज़ से उत्तरी ध्रुव के ऊपर उड़ान भरी।
सर अर्नेस्ट शैकल्टन	आयरलैंडवासी 1874-1922	शैकल्टन ने दक्षिणी ध्रुव के आसपास के क्षेत्र का पता लगाया। पहली बार वह स्कॉट के साथ गया। फिर उसने खुद अपने दो अभियानों का नेतृत्व किया।
सर विवियन फक्स	ब्रिटिश 1908-	फक्स ने सन 1958 में ब्रिटिश ट्रांस-अंटार्कटिका अभियान का नेतृत्व किया था।
तेनसिंग नोर्के सर एडमंड हिलेरी	भारतीय 1914- न्यूज़ीलैंडवासी 1919-	सन् 1953 में तेनसिंग नोर्के और हिलेरी पहली बार एवरेस्ट शिखर पर पहुंचे। सन् 1958 में हिलेरी ने दक्षिणी ध्रुव जानेवाले अभियान का नेतृत्व किया।

गहरे समुद्र की खोज (DEEP-SEA EXPLORING): अक्सर लोग कहा करते हैं कि सारी पृथ्वी की खोज की जा चुकी है, अब खोज करनेवालों के लिए कोई नई जगह बाकी नहीं बची है। परन्तु ऐसा सोचना गलत है। पृथ्वी का एक बहुत बड़ा भाग ऐसा है जिसकी खोज अभी बाकी है। वह है गहरा समुद्र।

गहरे समुद्र की खोज का कुछ काम हुआ है। हम गहरे समुद्र के कुछ विचित्र जीवों के बारे में जानते हैं। हम वहां की ठंडक और अंधेरे के बारे में भी जानते हैं।

गहरे समुद्र की खोज की शुरूआत समुद्र के बारे में जानने के उद्देश्य से नहीं, बल्कि डूबे हुए खज़ाने की खोज के सिलसिले में हुई थी। कीमती माल से लदे बहुत-से जहाज़ समुद्र में डूब चुके हैं। कुछ माल ढूंढकर निकाला भी जा चुका है, लेकिन अधिकांश अभी वहीं पड़ा है।

गहरे समुद्र की खोज का काम आसान नहीं है। वहां खोज का काम करनेवाले को सांस लेने के लिए हवा का इंतज़ाम करना पड़ता है। उसे पानी के भयानक दबाव से अपनी रक्षा की व्यवस्था करनी पड़ती है। हम हवा के दबाव के आदी हैं। हमारे शरीर के प्रत्येक वर्ग इंच पर हवा का लगभग 6·8 किलोग्राम दबाव पड़ता है। लेकिन हमें पता नहीं चलता। समुद्र में 900 मीटर (आधे मील से कुछ अधिक) की गहराई पर पानी का भार लगभग 590 किलोग्राम प्रति वर्ग इंच होता है।

गहरे समुद्र की खोज के लिए गोताखोरी की एक विशेष पोशाक होती है। इस पोशाक का अधिकांश रबर का होता है। टोप तांबे का होता है, जिसमें शीशे की खिड़कियां रहती हैं। जूतों में सीसे के भारी तले होते हैं। प्रत्येक जूते का वज़न लगभग 9 किलोग्राम होता है। एक नली में से पंप द्वारा हवा नीचे गोताखोर के टोप में भेजी जाती है। इस पोशाक में गोताखोर लगभग सौ मीटर तक ही नीचे जा सकता है। इससे अधिक गहराई पर के दबाव को वह सहन नहीं कर सकता।

धातु की पोशाक में गोताखोर लगभग 215 मीटर की गहराई तक जा सकता है। ऐसी पोशाक प्रति वर्ग इंच

गहरे समुद्र का गोताखोर

बाथिस्फियर

गहरे समुद्र में कई विचित्र मछलियां रहती हैं।

136 किलोग्राम दबाव सहन कर सकती है। 1932 में एक गोताखोर ने ऐसी ही धातु की पोशाक पहनकर एक डूबे हुए जहाज़ के मलबे में से लगभग 1,50,00,000 रुपये की कीमत का माल निकाला था।

1927 में विलियम बीब ने समुद्र में और अधिक गहरे जाने की योजना बनाई। वे गहरे समुद्र के जीवों का अध्ययन करना चाहते थे। उनके मित्र ओटिस बर्टन ने इस्पात का एक खोखला गोला तैयार किया। इसकी दीवारें लगभग तीन सेंटीमीटर मोटी थीं। इसका व्यास केवल लगभग डेढ़ मीटर था, परन्तु वज़न 2,500 किलोग्राम था। बीब ने इस गोले का नाम 'बाथिस्फियर' रखा, जिसका अर्थ होता है गहराई में जानेवाला गोला। शीशा अधिक दबाव सहन नहीं कर सकता था। इसलिए इसकी खिड़कियों में बिल्लौर लगाया गया। गोले का दरवाज़ा सिर्फ 35 सेंटीमीटर चौड़ा था। इसमें ऑक्सीजन का एक टैंक भी रखा हुआ था। गोला बिजली और टेलीफोन के तारों से जुड़ा हुआ था।

बीब और बर्टन ने इस गोले में बैठकर कई यात्राएं कीं। एक बार वे 1372·9 मीटर की गहराई तक गए। उन्होंने कई ऐसे जीव देखे जिन्हें आज तक कोई नहीं देख सका था।

लेकिन महासागर की गहराइयों में दूर तक प्रवेश करने का साहस मनुष्य ने हाल में ही किया है। 1960 में प्रोफेसर पिकार्ड का 'ट्रीस्ट' नामक बाथिस्काफ़ लगभग ग्यारह किलोमीटर की गहराई तक गया था। यह बाथिस्काफ़ पश्चिमी प्रशान्त महासागर की मारिआना खाई के एक भाग में चैलेंजर डीप नामक खड्ड की तली तक गया था। बाथिस्काफ़ एक प्रकार का पनडुब्बीनुमा गोला होता है। इसकी सहायता से समुद्र की रहस्यमय गहराइयों के बारे में हमें बहुत कुछ मालूम हो सकेगा।

गुडहोप अंतरीप (CAPE OF GOOD HOPE)

: कोलम्बस ने जिन दिनों अमरीका का पता लगाया उसके कुछ ही पूर्व एक पुर्तगाली यात्री अफ्रीका के पश्चिमी किनारे के

अंतरीप पर डायस को तूफान का सामना करना पड़ा।

साथ-साथ यात्रा करने को निकला। इस यात्री का नाम बार्थोलोम्यू डायस था। डायस जहाज़ लेकर दक्षिण की ओर तब तक चलता रहा जब तक अफ्रीका के अंतिम सिरे (अंतरीप) पर नहीं पहुंच गया। उसने देखा कि इस सिरे से मुड़कर आगे बढ़ा जा सकता है। इस अंतरीप की खोज

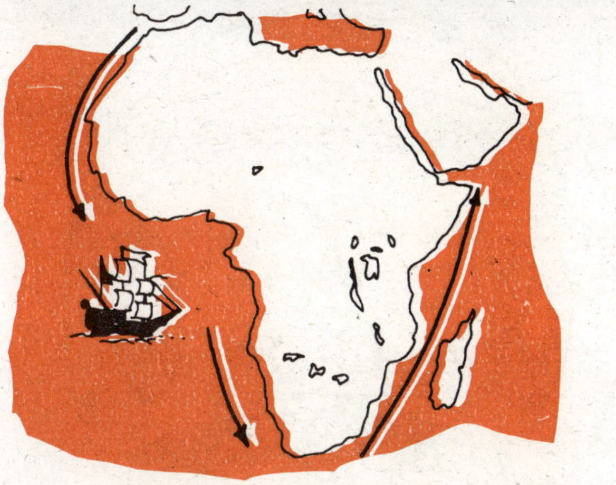

एक बहुत बड़ी चीज़ थी, क्योंकि उस युग के यात्री भारत पहुंचने का एक समुद्री रास्ता ढूंढना चाहते थे। वे पूर्वी देशों से रेशम और मसाले लाने का कोई आसान रास्ता निकालने की चिन्ता में थे।

स्वेज़ नहर के बनने तक यह पूर्व की ओर आने-जाने का बहुत ही महत्त्वपूर्ण रास्ता था। स्वेज़ नहर के बनने पर एक छोटा रास्ता निकल आया।

गुब्बारा (BALLOONS)

: हम लोगों के लिए गुब्बारा कोई अनजानी चीज़ नहीं है। ब्याह-शादियों में और रामलीला तथा कितने ही अन्य उत्सवों के अवसरों पर लोग कागज़ या कपड़े के बने गुब्बारे उड़ाते हैं। इस तरह का गुब्बारा असल में एक बड़ा थैला-सा होता है। थैले का मुंह नीचे की ओर होता है और खुला रहता है। इस गुब्बारे को उड़ाना कोई खास पेचीदा बात नहीं है। मुंह के पास कपड़ा लगा होता है। इस कपड़े में आग लगा देते हैं और ज़रा ही देर में—बशर्ते कि खुद गुब्बारा ही न जल पड़े—वह आसमान की तरफ उठने लगता है। आग के कारण गुब्बारे के भीतर गरम हवा भर जाती है। भीतर की यह गरम हवा गुब्बारे के बाहर की ठंडी हवा से हलकी होती है और अपने हलकेपन से यह गुब्बारे को ऊपर की तरफ ठेल देती है। आग बुझ जाने पर भीतर की हवा भी ठंडी हो जाती है और गुब्बारा ज़मीन पर आ जाता है। शहरों में उड़नेवाले एक और तरह के गुब्बारे भी बिकते हैं। ये रबर के बने होते हैं और गुब्बारेवाला इनमें हाइड्रोजन गैस भर देता है। यह गैस हवा से बहुत हलकी होती है। नतीजे के तौर पर यह गुब्बारे को ले उड़ती है।

मगर पहले गुब्बारे का इस तरह उड़ना अचरज की बात थी। 19 सितंबर, 1783 को फ्रांस में मांगोलफिए बंधुओं ने

जब एक मुर्गे, एक भेड़ और एक बत्तख को सवार करवाकर अपना गुब्बारा उड़ाया, तो उसे देखने के लिए फ्रांस के राजा सहित हज़ारों ही लोग एकत्र हुए थे। उसके बाद तो गुब्बारों में बैठकर आदमी भी आकाश की सैर करने लगे। गरम हवा की जगह उनमें हाइड्रोजन गैस भरी जाने लगी।

लेकिन गुब्बारे में बैठा मनुष्य हवा की दया पर होता था—वह उसे चाहे जहां बहा ले जाए! इस समस्या को भी कोई 60 वर्ष पहले हल कर लिया गया—गुब्बारे में इंजन, प्रॉपेलर और रेडार लगाकर उसे मनमानी दिशा में ले जाना संभव हो गया। अब यात्रियों तथा सामान को लाने-ले जाने के लिए वायुपोत (Airships) बनने लगे। ये वायुपोत असल में गुब्बारे ही थे। इनका ढांचा ऐल्यूमिनियम का होता था और इनमें हाइड्रोजन गैस की थैलियां

मौसम की जानकारी प्राप्त करने के गुब्बारे

भरी होती थीं। इनकी ईजाद काउंट फॉन ज़ेपलिन नामक जर्मन ने की थी और उसके नाम पर इन्हें भी ज़ेपलिन ही कहते थे। 1929 में एक ज़ेपलिन ने संसार की पूरी परिक्रमा की।

लेकिन वायुयानों की होड़ में वायुपोत न टिक सके—वायुयान की यात्रा अधिक तेज़ और निरापद होती है। 1937 के बाद तो वायुपोतों का चलन लगभग बिलकुल ही बंद हो गया। उस साल 'हिंडेनबर्ग' नामक एक विराट वायुपोत की हाइड्रोजन में आग लग गई और कितने ही लोग मारे गए। इस दुर्घटना ने वायुपोत का युग ही खत्म कर दिया।

लेकिन गुब्बारों का इस्तेमाल अब भी किया जाता है। दुर्घटनाओं को रोकने के लिए इनमें अब हाइड्रोजन की जगह हीलियम गैस भरी जाती है। हीलियम भी हवा से बहुत

मांगोलफिए बंधुओं द्वारा उड़ाया गया गुब्बारा

हलकी होती है और बड़ी बात यह है कि इसमें आग नहीं लग सकती। आजकल गुब्बारों को मौसम की जानकारी प्राप्त करने के काम में लाया जाता है—वैज्ञानिक उपकरणों से लैस गुब्बारे आसमान में खूब ऊंचे भेजे जाते हैं और उनसे प्राप्त सूचनाओं के आधार पर आनेवाले मौसम के बारे में भविष्यवाणियां की जाती हैं।

घड़ियां, बड़ी, छोटी (CLOCKS AND WATCHES) : हम यह नहीं जानते कि घड़ियां सबसे पहले कब बनीं। पर लगभग एक हज़ार वर्ष पहले यूरोप के कई मठों में घंटे थे। इन्हीं दिनों जेरबर्ट नामक एक साधु ने एक टाइमपीस बनाया। हम नहीं जानते कि वह कैसे काम करता था।

तेरहवीं शताब्दी में बनाई गई घड़ियों में से कुछ में सुई और चेहरा नहीं होता था। वे घंटा बजाकर समय बताती थीं। आरम्भिक घड़ियों में घंटा बहुत महत्त्वपूर्ण था। अंग्रेज़ी क्लाक शब्द का अर्थ ही घंटा होता है।

कुछ घड़ियों में घंटे हथौड़ियों से बजाए जाते थे। ये हथौड़ियां मानव-मूर्तियों के हाथों में होती थीं, जो जैक कहलाती थीं।

कुछ आरम्भिक घड़ियां बहुत जटिल थीं। पर वे बहुत सही समय नहीं बताती थीं। उनमें नीचे को सरकता हुआ एक भार पहिये घुमाता था। उनमें चाबी देने का अर्थ यह होता था कि भार को उठाकर उसके आरम्भिक स्थान पर पहुंचा दिया जाए।

पहियों को ठीक एक-सी गति से घुमाना सरल न था। ऐसा उपाय करना होता था कि भार तेज़ी से न सरके और पहियों को तेज़ी से न घुमाए। ऐसी युक्तियां निकाली गईं कि भार थोड़ा-सा सरके, रुके और फिर सरके। जब पेण्डुलम का आविष्कार हुआ तो पहियों को ठीक गति से घुमाने की विधि हाथ आई।

पहली घड़ियां आज के 'ग्रांडफादर क्लाक' की भांति काम करती थीं। जब पेण्डुलम इधर-उधर हिलता है तो वह एक हत्थे को चलाता है। यह पहियों को ठीक चाल पर चलाने के लिए उन्हें छोड़ता और रोकता है। घड़ी की टिकटिक इसीसे होती है। जब घड़ी में पेण्डुलम लगाए गए तो मिनट की सुइयां भी आईं।

लगभग 500 वर्ष बाद पहली वाच घड़ियां बनाई गईं। इनमें भार के स्थान पर मेन स्प्रिंग लगाया गया। पेण्डुलम की जगह एक छोटा फ्लाई व्हील और बहुत बारीक स्प्रिंग आया। जो घड़ियां घंटे नहीं बजाती थीं उनको वाच करना, अर्थात् देखना पड़ता था। इसलिए वे 'वाच' कहलाईं।

कुछ घड़ियां न्यूरमबर्ग के अंडों के नाम से प्रसिद्ध हुईं। वे अंडे की आकृति की थीं और न्यूरमबर्ग में बनाई जाती थीं। वे समय बहुत ठीक नहीं बताती थीं—कोई

18वीं सदी की धूपघड़ी (कुतुबनुमा वाली)

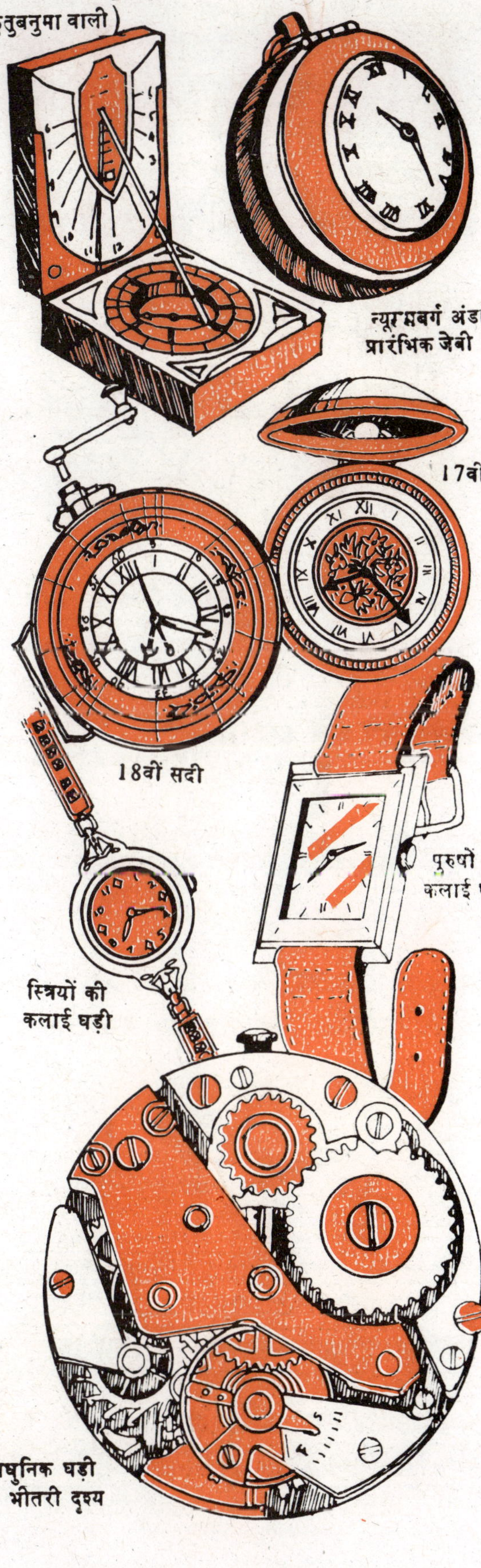

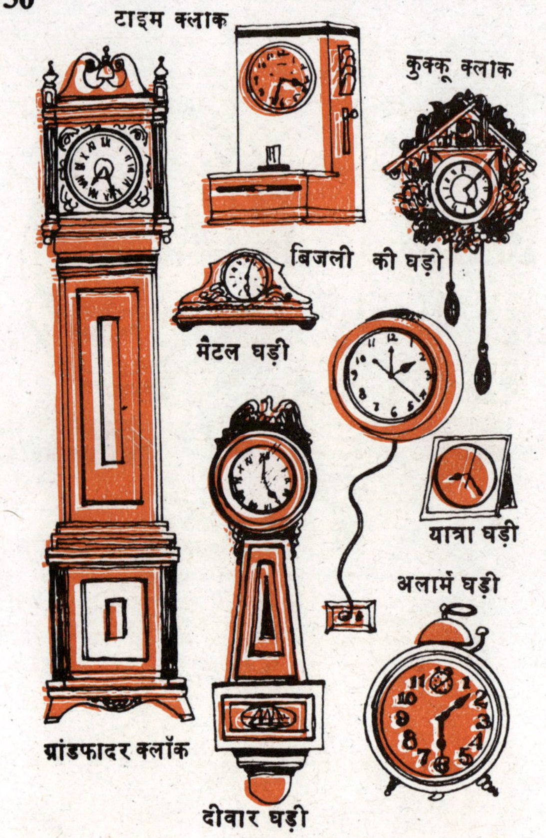

भी आरम्भिक 'वाच' नहीं बताती थी। वे इतनी गलत चलती थीं कि लोग उन्हें टिकटिक खिलौना कहते थे।

शीघ्र ही बढ़िया घड़ियां बनने लगीं। धनी लोग उन्हें खरीदने लगे। यह खरीदारी उपयोग की दृष्टि से कम और शृंगार की दृष्टि से अधिक की जाती थी। जो लोग ये घड़ियां पहनते थे, वे समय जानने के लिए अपनी जेबों में धूप-घड़ियां रखते थे। घड़ियां फूलों, तितलियों, क्रासों और खोपड़ियों के आकार की भी बनाई जाती थीं। कुछ अंगूठियों में जड़ी जाती थीं। एक महिला के लिए बनाई गई घड़ी में एक छोटा जैक था। यह प्रत्येक घंटे के बाद महिला की उंगली को छू देता था। कुछ घड़ियों के केसों में रत्न जडे जाते थे।

घड़ियों के भीतर अब लाल और पन्ने इस्तेमाल किए जाते हैं। ये बहुत कठोर और चिकने होते हैं। इनसे घर्षण बहुत कम उत्पन्न होता है। सर्वोत्तम घड़ियों में 18 या अधिक रत्न होते हैं। पर ये इतने छोटे होते हैं कि इन सबका मूल्य केवल कुछ रुपये होता है।

ब्रिटिश सरकार ने 1713 में बढ़िया घड़ी के आविष्कार के लिए 10 हज़ार पौंड के पुरस्कार की घोषणा की। यह पुरस्कार 47 वर्ष बाद जिस घड़ी ने जीता, वह 5 महीने की समुद्र-यात्रा में केवल 2 मिनट सुस्त हुई। इसको क्रोनोमीटर या कालमापी कहा गया। कुछ ही दिनों बाद एक ऐसा क्रोनोमीटर बनाया गया जो 46 दिन की यात्रा में केवल 7 सेकंड मंद हुआ।

क्रोनोमीटरों से लोगों को बढ़िया घड़ियां और घंटे बनाने की विधि मालूम हुई। पहले घड़ियां हाथ से बनाई जाती थीं। अब इन्हें बनाने के लिए मशीनें काम में लाई जाती हैं। आजकल बहुत-सी घड़ियों में न स्प्रिंग होते हैं और न भार। वे बिजली से चलती हैं और बहुत सही समय बताती हैं। (देखें : समय और समय निर्धारण)

घरेलू पौधे (HOUSE PLANTS) : जो लोग फूल पसन्द करते हैं वे उनको सारे वर्ष पा सकते हैं। जाड़े या गर्मी कभी भी उनकी कमी नहीं रहती। कारण यह है कि फूलों के बहुत-से पौधे अब घरों में ही उगाए जा सकते हैं। कुछ पौधे केवल अपनी पत्तियों की वजह से सुन्दर लगते हैं। इनमें से अधिकांश घर में ही पैदा किए जा सकते हैं।

बहुत-से पौधे, पौधशालाओं में उगाए जाते हैं, और बड़े हो जाने के बाद दूकानों पर बेचने के लिए भेज दिए जाते हैं। तब तक वे काफी सुन्दर लगने लगते हैं। पश्चिमी देशों में बड़े दिन को और ईस्टर के अवसर पर

पेण्डुलम कैसे काम करता है

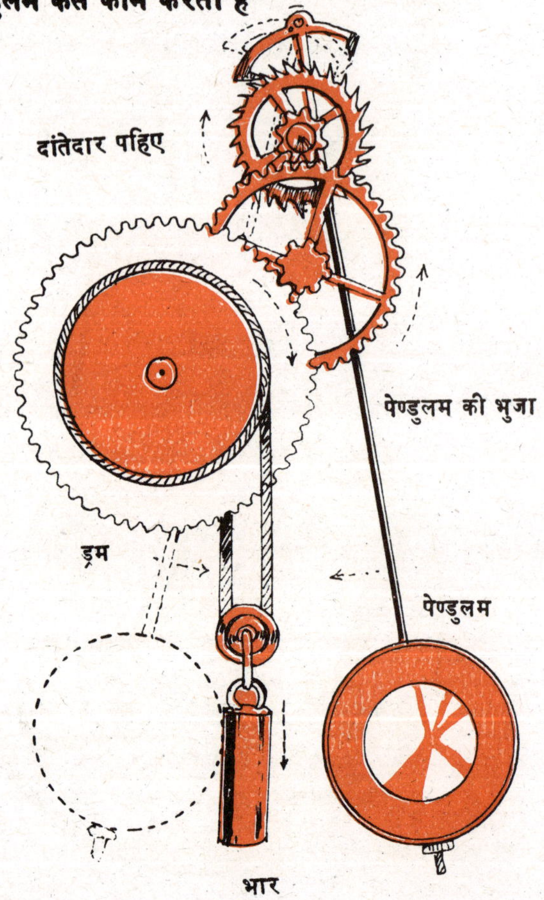

भार के खिंचाव से ड्रम और दांतेदार पहियों को एक घुमाऊ बल मिलता है। जब पेण्डुलम इधर-उधर हिलता है तो उसकी भुजा पहियों को हर बार एक निश्चित मात्रा में घूमने देती है।

फूलों की दूकानों में बहुत-से पौधे गमलों में बिकने के लिए आ जाते हैं।

घर आने के बाद वे पौधे काफी दिनों तक नहीं मुरझाते। लेकिन कभी जल्दी ही सूख जाते हैं। वे कब तक हरे रहेंगे और कब कुम्हला जाएंगे, यह इस बात पर निर्भर करता है कि उनकी कैसी देखभाल की जाती है। कुछ पौधों को चटक धूप चाहिए, कुछ धूप में जाते ही मुरझाने लगते हैं। कुछ को रोज़ पानी चाहिए, जबकि कुछ को रोज़ पानी देने की ज़रूरत नहीं पड़ती। कुछ को अपेक्षाकृत ज़्यादा गर्मी चाहिए, कुछ गरम हवा बिलकुल बरदाश्त नहीं कर सकते। कुछ को अतिरिक्त खाद की भी ज़रूरत पड़ती है।

अगर किसी के पास नीले फूलों का पौधा (अफ्रीकन वॉयलेट) है तो वह उसकी पत्तियों से नया पौधा उगा सकता है। कुछ पत्तियोंवाले पौधे, फिलोडेनड्रॉन और सेन्सवीरिया, टहनी से उगाए जा सकते हैं। कुछ को फूलों से उगाया जा सकता है। श्वेत नर्सिसस को पानी और कंकड़ों में डाल दीजिए। वह उग आएगा।

शकरकन्द से बड़ी अच्छी लता उगाई जा सकती है। उसे केवल पानी-भरे कांच के बर्तन में सीधा खड़ा-भर कर दीजिए। गाजर के निचले हिस्से को अलग कर दीजिए और ऊपर वाले को गमले में बो दीजिए। कुछ दिनों में पंखे जैसे पत्तों वाले पौधे निकल आएंगे।

कुछ फूल घर में बीजों से उगाए जा सकते हैं। इनमें मार्निंग ग्लोरी और नैस्टर्शियम का नाम लिया जा सकता है। ग्रेपफ्रूट का पेड़ तो आप घर में नहीं बो सकते, लेकिन इसके बीज से चमकीली पत्तियों का पौधा ज़रूर उगा सकते हैं।

कांच के पात्रों में पौधे पैदा करके आप एक पूरा बाग घर में लगा सकते हैं। इसके लिए बाहर से काई और पर्णांग— फर्न —इकट्ठे किए जा सकते हैं। यह बड़ा अच्छा शौक है।

चलचित्र (MOTION PICTURES) : हममें से प्रत्येक की आंख के पीछे एक जीता-जागता पर्दा है जिसे दृष्टिपटल कहते हैं। जिस प्रकाश से हम देखते हैं वह हमारी आंख से होकर इस पर्दे पर एक चित्र या प्रतिबिम्ब बना देता है। तन्त्रिकाएं आंख का सन्देश मस्तिष्क तक पहुंचाती हैं और हम देखने लगते हैं। कोई भी प्रतिबिम्ब एक सेकंड से भी थोड़े समय के लिए दृष्टिपटल पर अंकित रहता है, उसके बाद नहीं। इसलिए यदि अलग-अलग चित्र बहुत तेज़ी से हमारी आंख के सामने आते जाएं तो उनके बीच में हमें कोई व्यवधान या रिक्त स्थान दिखाई नहीं देता। चलचित्रों के पीछे यही नियम काम कर रहा है।

चलचित्र प्रक्षेपक यंत्र या प्रोजेक्टर प्रति सेकंड चौबीस के लगभग चित्र पर्दे पर फेंकता है। एक के बाद दूसरा

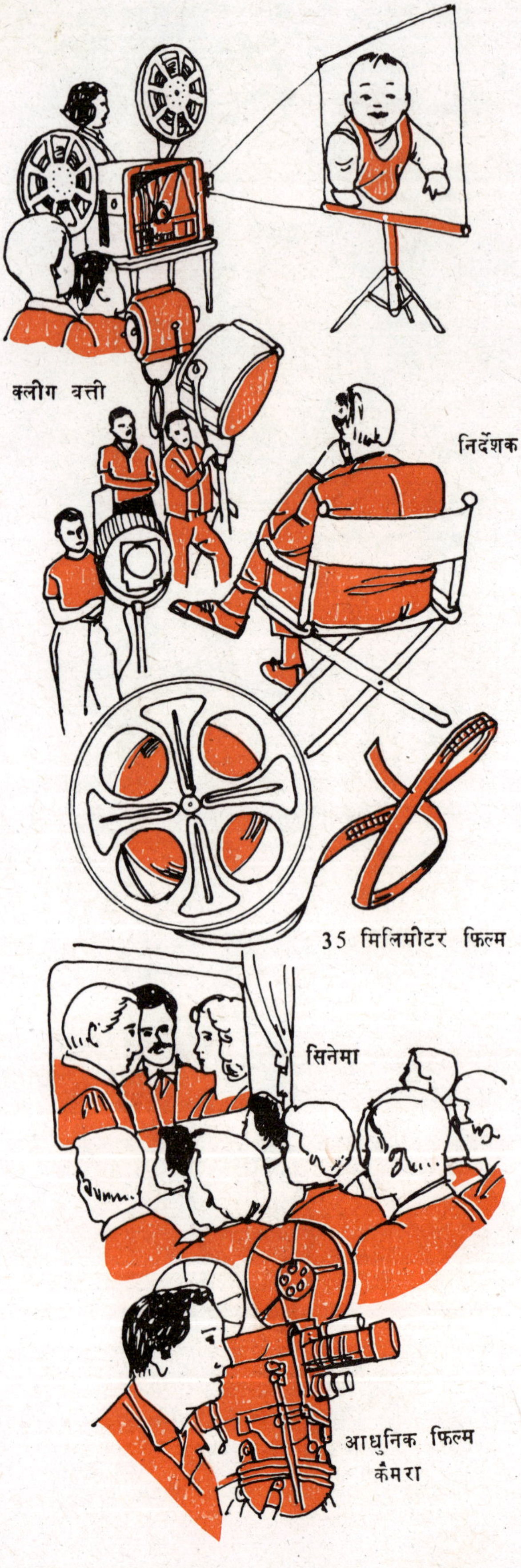

चित्र इतनी तेज़ी से आता है कि चित्रित वस्तु की स्थिति के परिवर्तन से वह चलता-फिरता दिखाई देता है। सेल्युलाइड के लम्बे फीते पर छपे हज़ारों चित्रों से एक फिल्म तैयार होती है।

उधर फिल्म के कैमरे भी ऐसे होने चाहिए जो बहुत तेज़ी से एक के बाद दूसरा चित्र ले सकें। आजकल के हमारे कैमरे प्रति सेकंड चौबीस के लगभग चित्र लेते हैं। पहले और दूसरे चित्र में कोई विशेष अन्तर नहीं होता।

चलचित्र की कहानी तब आरंभ हुई जब 1830 के लगभग यूरोप में ऐसे घूमनेवाले चक्र बनाए गए जिनपर चित्र बने हुए थे। इन्हें 'ह्वील्स ऑव लाइफ' या सजीव चक्र कहा जाता था। चक्र इतनी तेज़ी से घूमता था कि उसपर बने चित्र चलते-फिरते नज़र आते थे। यह विधि ज़ोइट्रोप भी कहलाती थी। फेनेकिस्टोस्कोप नामक खिलौना भी बहुत कुछ ऐसा ही होता है।

1872 में अमरीका के लेलैंड स्टेन्फर्ड ने यह जानकर कि घुड़दौड़ में घोड़ा कैसे दौड़ता है, एक दांव लगाना चाहा। उसने 24 कैमरों से क्रमशः चौबीस चित्र लेने की ऐसी व्यवस्था की कि एक के बाद तुरंत ही दूसरा चित्र लिया जा सके। जब उन चित्रों को एक साथ दिखाया गया तो घोड़ा दौड़ता हुआ प्रतीत हुआ। 1893 में टॉमस एडिसन ने किनेटोस्कोप बनाया। इसे 'झांकी का तमाशा' ही कहिए। एक छोटे-से झरोखे में से एक समय में एक ही व्यक्ति इसे देख सकता था। लगभग 50 फुट लम्बे फिल्मी फीते पर चित्र बने रहते थे। यह तमाशा 10 सेकंड से कुछ ही अधिक समय तक रहता था। वह किनेटोग्राफ या कैमरा इतना भारी था कि उसे उठाकर इधर-उधर ले जाना कठिन था।

शीघ्र ही संक्षिप्त गतिशील फिल्में बनीं। प्रचारक लोग इन्हीं फिल्मों से अपना भाषण आरंभ या समाप्त करते थे। कथावस्तु सहित पहली फिल्म—'द ग्रेट ट्रेन रॉबरी' अर्थात् 'रेल डकैती' 1903 में बनी। धीरे-धीरे चलचित्र इतने लोकप्रिय हो गए और इतने अधिक सिनेमाघर खुल गए कि चलचित्र एक महान उद्योग बन गया।

सबसे पहले मूकचित्र आए। शब्द पर्दे पर लिखे हुए आ जाते थे, पर अधिकांश कहानी अभिनेताओं को अभिनय या संकेतों द्वारा प्रकट करनी पड़ती थी। फिर ध्वनिचित्र आए। पहला संगीतपूर्ण चित्र 'डान जुआन' था। इसे अमरीका के प्रसिद्ध वार्नर बन्धुओं ने 1920 में बनाया था। उच्चारित संवादोंवाला पहला चित्र 'द जाज़ सिंगर' था जिसे वार्नर बंधुओं ने 1927 में प्रस्तुत किया। पहला पूर्ण ध्वनिचित्र 'लाइट्स ऑव न्यूयार्क' 1928 में बना।

चलचित्रों में जो अगला महत्त्वपूर्ण सुधार हुआ वह था चित्रों को रंगीन बनाना। फिर चौड़े और गोलाकार पर्दों पर दिखाई जानेवाली फिल्में बनीं। इनमें से कुछ फिल्में तीन आयामोंवाली या 'थ्री डायमेंशनल' होती हैं। इन्हें

विशेष दर्शन-उपकरणों से देखा जाता है।

फिल्म स्टूडियो में 200 से भी अधिक प्रकार के काम किए जाते हैं, जैसे कहानी लिखना, मंच सजाना और वेशभूषा तैयार करना आदि-आदि। चित्र उस समय खींचे जाते हैं जबकि अभिनेता अभिनय कर रहे होते हैं। यदि कार्टून फिल्म बनानी हो तो हज़ारों चित्र बनाने पड़ते हैं।

भारत में चलचित्रों का आरंभ 1912 में हुआ जब दादा साहब फाल्के ने प्रथम भारतीय चित्र 'हरिश्चन्द्र' का निर्माण किया। किन्तु वह मूकचित्र था। पहली बोलती हुई फिल्म 1931 में बनी। आज फिल्म-निर्माण के क्षेत्र में संसार में भारत का तीसरा स्थान है। यहां प्रतिवर्ष लगभग 300 फिल्में बनती हैं।

चलचित्र केवल मनोरंजन के ही साधन नहीं हैं। सशस्त्र सेनाएं, विविध उद्योग एवं विद्यालय अपने-अपने शिक्षण में सहायता के लिए चलचित्रों का उपयोग करते हैं।

(देखें : फोटोग्राफी)

जलजीवशाला (AQUARIUM) : इसे जल-पौधों और जल-जीवों का दरबा कहना ही ठीक होगा। इसकी कांच की दीवारों के कारण इसमें रहनेवाले जीवों और पौधों को देखना बड़ा आसान हो जाता है। आप चाहें तो साथ के चित्र में दिखाए सामान से अपनी घरेलू जलजीवशाला बना सकते हैं।

जलजीवशाला में पौधों के होने से न केवल उसकी सुन्दरता बढ़ जाती है, बल्कि उसके पानी में जीवों का जीवित रहना भी संभव हो जाता है। पानी में रहनेवाले जीव पानी से ही सांस द्वारा ऑक्सीजन लेते हैं और कार्बन डाइऑक्साइड छोड़ते हैं। रोशनी में हरे पौधे इस कार्बन डाइऑक्साइड को ग्रहण कर लेते हैं और ऑक्सीजन मुक्त कर देते हैं। इससे जल-जीवों को सांस लेने के लिए ऑक्सीजन मिलती रहती है।

लेकिन ये जल-पौधे इतनी तेज़ी के साथ बढ़ते हैं कि कुछ ही दिनों में जलजीवशाला के जीवों को देखना मुश्किल हो जाएगा। इसके लिए जलजीवशाला में कुछ घोंघे भी छोड़ देने चाहिए। घोंघे इन पौधों को खाते रहते हैं, जिससे वे बहुत तेज़ी से नहीं बढ़ पाते। इसके अलावा घोंघे जलजीवशाला की सफाई भी करते रहते हैं।

इस चित्र में दिखाए पानी से मीठे पानी में रहनेवाले जीवों की जलजीवशाला ही बनाई जा सकती है। इसमें भी ध्यान रखने की बात यह है कि इसमें डाला जानेवाला

घरेलू जलजीवशाला के लिए ज़रूरी सामान

पानी नल का न हो—कुएं, नदी या बर्मे (हाथ पंप) का पानी ही सबसे अच्छा रहता है। समुद्री जीवों के लिए दूसरी तरह की जलजीवशालाएं होती हैं।

जलजीवशाला घरेलू सजावट का एक बढ़िया सामान है। इससे जल-जीवन के अध्ययन में भी बड़ी सहायता मिल सकती है।

जहाज़ (SHIPS) : हर जहाज़ को नाव और हर नाव को जहाज़ कहा जा सकता है। लेकिन नदियों में तथा समुद्र-तटवर्ती भागों में नावें चलती हैं, और लम्बी समुद्र-यात्राएं जहाज़ करते हैं।

बड़ा जहाज़ अच्छे-खासे होटल जैसा होता है। इसमें कई मंज़िलें होती हैं। इन्हें डेक कहते हैं। ऊपर की मंज़िलों में कमरे होते हैं। इन्हें केबिन कहते हैं। कुछ जहाज़ों में इन्हें 'स्टेट रूम' या 'राजकक्ष' भी कहा जाता है। लिफ्टों से लोग ऊपर-नीचे जाते-आते हैं। इनके अलावा भोजन-कक्ष, नाई की दूकान, स्टोर और लाउंज होते हैं। बहुत-से जहाज़ों में व्यायामशालाएं, तैरने के लिए तालाब और चिकित्सालय भी होते हैं। कमरे वातानुकूलित (एयरकण्डीशण्ड) भी हो सकते हैं। इन सबमें बिजली की बत्तियां होती हैं, टेलीफोन लगे होते हैं।

जहाज़ कांसे के बहुत बड़े पंखों से चलते हैं। ये पंखे भाप के इंजनों, डीज़ल इंजनों या बिजली की मोटरों से चलाए जाते हैं। जहाज़ के पिछले हिस्से में पतवार लगी होती है, वही इसकी दिशा तय करती है। सबसे ऊपर की डेक पर ह्वील हाउस होता है। यहीं से सारा जहाज़ नियंत्रित किया जाता है। कप्तान अपने आदेश यहीं से देता है। यहां स्वचालित स्टीयरिंग ह्वील भी लगा होता है, जो जहाज़ को उसके निर्दिष्ट मार्ग पर बराबर चलाता रहता है।

कप्तान के पास आधुनिकतम कुतुबनुमा, बढ़िया घड़ियां, मौसम जानने के यंत्र, रेडियो, रेडार आदि होते हैं, जो बराबर यह बताते रहते हैं कि जहाज़ किनारे से कितनी दूर है, दूसरे जहाज़ उससे कितनी दूर हैं, और पानी कितना गहरा है।

निःसंदेह, एक बड़ा जहाज़ हज़ारों क्विण्टल का होता है। वह अपनी बनावट की वजह से पानी पर तैरता रहता है, क्योंकि उसका अधिकांश हिस्सा हवा से भरा होता है। हवा पानी से हलकी होती है। भारी इंजनों तथा अन्य

प्राचीन काल से जहाज़ समुद्र-पार जाते रहे हैं। सदियों पाल से ही जहाज़ चलते थे। भाप की शक्ति के आविष्कार ने जहाज़-निर्माण कार्य में बड़ा परिवर्तन कर दिया।

अन्य यात्री जहाज़ों की तरह 'क्वीन मेरी' भी एक तैरता हुआ नगर है। इसमें स्त्री-पुरुषों के लिए नाई की दूकानें, उपहार-गृह, खेल-कूद के क्षेत्र आदि हैं, तथा खाने-पीने और सोने की अच्छी व्यवस्था है।

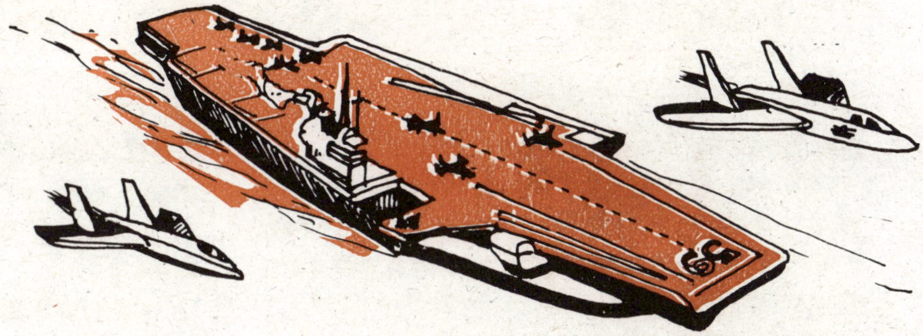

अमरीकी नौसेना का वायुयान-वाहक जहाज़ 'फ़ोरस्टाल' और इसके साथ के अन्य जहाज़ दुनिया के सबसे बड़े जहाज़ हैं। इनमें न केवल जहाज़ के कर्मचारी, बल्कि वायुयानों के कर्मचारी भी रहते हैं और वायुयानों की मरम्मत तथा डेक से उन्हें उड़ाने और उसपर उतारने की भी व्यवस्था रहती है।

द्वितीय विश्वयुद्ध की समाप्ति पर जापानियों ने युद्धपोत 'मिसौरी' पर ही आत्मसमर्पण के कागज़ों पर हस्ताक्षर किए थे। इस जहाज़ ने कोरिया की लड़ाई में भी महत्त्वपूर्ण भाग लिया। किन्तु 1958 में यह रद्द कर दिया गया, क्योंकि यह बहुत पुराना हो गया था।

साज-सामान और यात्रियों-सहित भी एक बड़े जहाज़ का वज़न उस पानी के वज़न से कम होता है जो उतनी सारी जगह में आ सकता है।

दुनिया का सबसे बड़ा यात्री-जहाज़ 'क्वीन एलिज़ाबेथ' है। यह एक हज़ार फुट लंबा है। संसार में सबसे तेज़ चलनेवाला जहाज़ 'यूनाइटेड स्टेट्स' है। उसने अटलांटिक महासागर को तीन दिन, दस घण्टे और चालीस मिनट में पार किया था। वह करीब-करीब 35·59 समुद्री मील प्रतिघंटे के हिसाब से चला था।

भाप या बिजली के आविष्कार के पहले जहाज़ पाल से चलते थे। सन् 1850 तक सबसे तेज़ चलनेवाले जहाज़ पाल के ही थे। क्लिपर जहाज़ 12 या 13 दिनों में अटलांटिक महासागर को पार कर लेते थे।

आज हमारे सबसे बड़े जहाज़ या तो नौसेना में होते हैं, या फिर मालवाही या तेलवाहक जहाज़ होते हैं। नौसेना में वायुयानवाहक जहाज़ सबसे बड़े होते हैं।

बहुत वर्षों तक समुद्र-यात्रा केवल पानी के जहाज़ों से ही की जा सकती थी। अब हम हवाई जहाज़ से भी समुद्र पार जा सकते हैं। लेकिन पानी के जहाज़ों में हम बहुत अधिक सामान लादकर लम्बी दूरी तक जा सकते हैं। ऐसा हवाई जहाज़ से संभव नहीं है। इसलिए तरह-तरह के जहाज़ सातों समुद्रों में बराबर चलते रहेंगे।

जादू और जादूगर (MAGIC AND MAGICIANS) :

जादूगर असम्भव बातों को सम्भव करके दिखाता हुआ मालूम होता है। वह एक खाली दीखनेवाले हैट से एक खरगोश निकालकर दिखा सकता है, या एक बड़े-से पिंजड़े को गायब कर सकता है, या एक मज़बूत जंज़ीर को तोड़कर बाहर निकल सकता है, या एक आदमी को आरे से काटकर दो टुकड़े हुआ दिखा सकता है। लेकिन यह बात बच्चों को भी मालूम है कि यह सारा काम चतुराई और हाथ की सफ़ाई का होता है। इसका सिर्फ एक उद्देश्य

होता है और वह है लोगों का दिल-बहलाव।

इस तरह के जादू के खेल सैकड़ों वर्षों से दिखाए जाते रहे हैं। मध्ययुग में घूमने-फिरने वाले जादूगर हुआ करते थे जो अपना तमाशा दिखाते हुए एक स्थान से दूसरे स्थान को घूमते फिरते रहते थे।

अनेक जादूगर बहुत मशहूर हो चुके हैं। इनमें सबसे मशहूर हाउदिनी था। उसका एक खेल पांच टन के एक हाथी को गायब कर देना था।

जादूगर होने के लिए किसी व्यक्ति का हाथ खूब सधा हुआ होना चाहिए। जादूगर को खूब बातूनी भी होना चाहिए। अपनी चटपटी बातों से वह दर्शकों का ध्यान अपनी ओर लगा लेता है, ताकि वह जो कुछ करामात दिखा रहा है उसपर लोगों का ध्यान केन्द्रित न रहे।

बहुत चतुर जादूगर भी बिना चालाकी के अपना काम पूरा नहीं कर सकता। कुछ करिश्मे आईने की सहायता से दिखाए जाते हैं। कुछ में चुम्बक से काम लिया जाता है। इसके अलावा, जादूगर बिना पेंदे के कुछ डिब्बे तथा रसायन आदि भी काम में लाते हैं जिनके असर से चीज़ों का रंग उड़ जाता है। कुछ करिश्मों के लिए काफी साज-सामान की ज़रूरत पड़ती है और उन्हें सिर्फ मंच पर ही दिखाया जा सकता है।

जादूगरी की बहुत-सी चीज़ें दूकान से भी खरीदी जा सकती हैं। लेकिन यह पता लगाना कि कुछ विशेष करामातें कैसे दिखाई जाती हैं, बहुत कठिन है। मशहूर जादूगर अपने कुछ बहुत प्रसिद्ध करिश्मों के भेदों का दूसरों को पता नहीं चलने देते।

जादू केवल खिलवाड़ नहीं है। इसके कुछ गंभीर पहलू भी हैं। आदिम लोगों में जादू के प्रति बहुत गहरा विश्वास पाया जाता है। उनके धर्म से जादू को अलग करना बहुत कठिन है। उनका विश्वास होता है कि जादू के सहारे भूत-प्रेत को भगाया जा सकता है। आज दुनिया के अधिकांश लोग इस तरह के जादू-मंत्र में विश्वास नहीं करते।

जामा मस्जिद (JAMA MASJID) : दिल्ली की जामा मस्जिद संसार की सुन्दरतम मस्जिदों में गिनी जाती है। यह शाहजहां की बनवाई हुई है और लाल किले के बिलकुल सामने है।

यह 1650 में बननी शुरू हुई और 6 साल में तैयार हुई। पूरी मस्जिद लाल पत्थर की बनी है। पश्चिम की ओर तीन गुम्बद हैं, जिनमें बीच का बड़ा और बाकी दो कुछ छोटे हैं। गुम्बद सफेद पत्थर के हैं और उनमें बीच-बीच में काले पत्थर की पटियां जड़ी हैं। गुम्बदों के दोनों ओर दो पतली अठपहलू मीनारें हैं जो 130 फुट ऊंची हैं। मीनारों के भीतर चढ़ने के लिए सीढ़ियां हैं।

मस्जिद का सहन 400 फुट का वर्गाकार है, जिसके बीचोंबीच संगमरमर का एक हौज़ है। हौज़ में फौवारा लगा है। पश्चिम की तरफ नमाज़ पढ़ने के लिए बड़ा दालान है। बाकी तीन तरफ भी लम्बे दालान हैं। हर दालान में एक दरवाज़ा है जिसपर छोटी-छोटी सफेद बुर्जियां बनी हैं। पूर्वी दालान का दरवाज़ा सबसे ऊंचा और बड़ा है और उसके सिरों पर बड़ी छतरियां हैं।

जामा मस्जिद काफी ऊंचाई पर बनी है। इसपर पहुंचने के लिए बाहर, तीन तरफ, सीढ़ियों का एक-एक सिलसिला है जो ऊपर दालान के दरवाज़े तक चला गया है।

ईद के मौके पर इस मस्जिद में हज़ारों मुसलमान एकसाथ नमाज़ पढ़ते हैं।

जूलियट, लुइस (LOUIS JOLIET 1645-1700) : संसार की सबसे बड़ी नदी, मिसिसिपी (अमरीका) की खोज सबसे पहले लुइस जूलियट ने की थी। जूलियट को बियाबान इलाकों का अच्छा अनुभव था। वह रेड इंडियनों की कई बोलियां बोल सकता था और नक्शे बना सकता था।

जूलियट अपने छः साथियों के साथ मई 1673 में इस नदी की खोज में निकल पडा। वे लोग मिशिगन झील

जूलियट अपने साथियों के साथ अमरीका की सबसे बड़ी नदी मिसिसिपी की खोज में निकल पड़ा।

को पार कर विस्कोंसिन नदी पर आए। वहां से डोंगियां खेते हुए मिसिसिपी के ऊपरले भाग में पहुंचे और अर्कन्सास नदी तक गए। जूलियट को इनाम में कनाडा में ज़मीन दी गई। (देखें : खोज-यात्री)

टाइपराइटर (TYPEWRITER) : टाइपराइटर लिखने की मशीन है। इसके अक्षर छापे के अक्षरों जैसे लगते हैं।

टाइप करना कुछ-कुछ पियानो बजाने की तरह है। टाइपिस्ट एक के बाद दूसरी कुंजी (Key) दबाता है। टाइपिस्ट को यही सीखना होता है कि किस अक्षर या चिह्न के लिए कौन-सी कुंजी दबानी होती है, ताकि टाइप करते समय उसे कुंजियों को न देखना पड़े।

कुंजी के दबने से एक छड़ हिलती है, जिसके एक सिरे पर धातु का बना अक्षर या चिह्न रहता है। यह अक्षर टाइपराइटर में लगे स्याहीवाले फीते, रिबन, पर पड़ता है और रिबन के नीचे लगे कागज़ पर दबाव डालता है। इस दबाव के कारण वह अक्षर या चिह्न कागज़ पर टाइप हो जाता है।

पहला सफल टाइपराइटर सन् 1868 में क्रिस्टोफर शोल्स नामक अमरीकी ने बनाया था। आरंभिक टाइपराइटर में कागज़ ऐसी जगह लगाया जाता था कि उसपर टाइप तो होता चलता था लेकिन टाइपिस्ट को वह

बिजली का टाइपराइटर

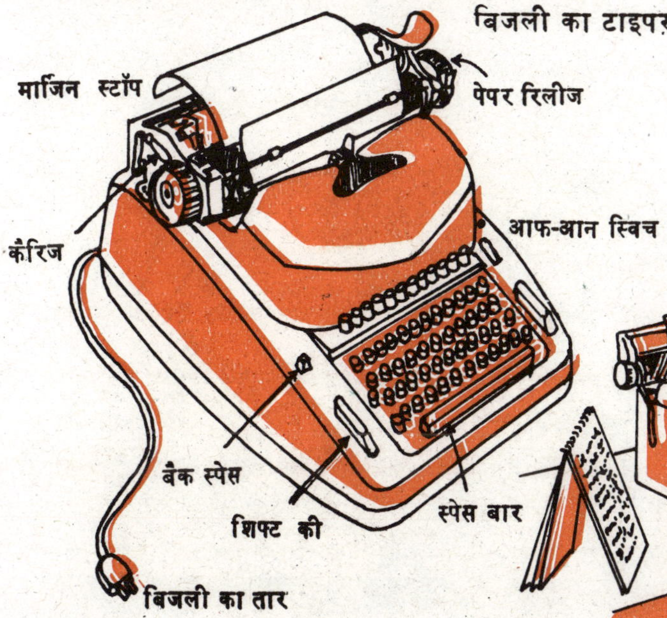

दफ्तर में टाइप करना

कागज़ दिखाई नहीं देता था। लेकिन अब कागज़ उसकी नज़रों के सामने रहता है और वह अपनी गलतियों को देखकर सुधार सकता है।

अलग-अलग भाषाओं के कुंजी-फलक (Key Board) अलग-अलग होते हैं। आजकल ब्रेल टाइपराइटर भी बनने लगे हैं, ताकि उनपर टाइप किए हुए संदेश अंधे भी पढ़ सकें।

कुछ टाइपराइटर ऐसे हैं जो कुछ काम बिजली द्वारा करते हैं। टाइपिस्ट को सही कुंजी को छू भर देना होता है, बाकी काम बिजली अपने-आप करती है।

कुशल टाइपिस्ट बहुत तेज़ी से टाइप कर सकते हैं। बिना बिजली के टाइपराइटर पर टाइप करने का रिकार्ड 170 शब्द प्रति मिनट है। (देखें : आविष्कार)

टेलीग्राफ (TELEGRAPH) : विद्युत् का प्रवाह अद्भुत गति से होता है। अतः इसके माध्यम से संदेश भी बहुत ही तीव्र गति से भेजे जा सकते हैं। विद्युत् से संदेश भेजने का सबसे पुराना तरीका टेलीग्राफ है।

'टेलीग्राफ' शब्द का अर्थ होता है 'दूर लेखन'। पहले टेलीग्राफ के ग्राहक यंत्र (रिसीवर) संदेश को कागज़ के सरकते हुए टुकड़े पर बिन्दु और डैश के चिह्नों में लिखते थे। बाद में लगा कि बिन्दु और डैश को सुनकर लिखते रहने से संदेश अधिक तेज़ी से उतारा जा सकता है।

चित्र में जो तार-प्रेषक 'की' प्रदर्शित है वह पहले बहुत वर्षों तक इस्तेमाल होती थी और आज भी कहीं-कहीं दिख जाती है। जब इस 'की' को नीचे दबाया जाता है तो ग्राहक यंत्र तक विद्युत् की धारा चली जाती है। जब इसे छोड़ दिया जाता है तो वह ऊपर चली आती है और विद्युत्-प्रवाह रुक जाता है।

तार-ग्राहक के दो अंग सबसे महत्त्वपूर्ण होते हैं। एक विद्युत् चुम्बक और एक लोहे की छड़। जब विद्युत्धारा विद्युत् चुम्बक की कुंडलियों से होकर प्रवाहित होती है तो चुम्बक छड़ को नीचे खींचता है। जब विद्युत्धारा बन्द हो जाती है तो चुम्बक की आकर्षण-शक्ति समाप्त हो जाती है और छड़ ऊपर चली जाती है। यह छड़ एक ढांचे में इस तरह जुड़ी रहती है कि नीचे खिंचने पर इससे एक आवाज़ पैदा होती है। इसी तरह इसके ऊपर जाने से भी एक आवाज़ निकलती है। बिन्दु के लिए 'की' को बहुत कम देर नीचे दबाया जाता है। छड़ के नीचे आने और ऊपर जाने से पैदा होनेवाली आवाज़ में बहुत कम अन्तर होता है। डैश के लिए 'की' को कुछ अधिक देर तक नीचे दबाया जाता है।

टेलीग्राफ का परीक्षण सबसे पहले 1837 में ब्रिटेन में एक रेलवे पर हुआ। सर्वसाधारण के उपयोग के लिए बनी प्रणाली पर संदेश सबसे पहले 24 मई 1844 को अमरीका में बाल्टीमोर से वाशिंगटन भेजा गया। आज 100 वर्ष से कुछ ही अधिक समय बाद तार की प्रणालियां लाखों मील तक फैल गई हैं।

टेलीग्राफ के आविष्कार के साथ ही वैज्ञानिकों ने इसमें दूर-दूर तक संदेश भेजने के लिए प्रयुक्त होनेवाले तार के परिमाण को कम करने की विधियां भी ढूंढने पर ध्यान दिया। तार महंगा होता है, साथ ही खम्भों पर इसे लगाने या इसे ज़मीन के अन्दर लगाने में भी खर्च पड़ता है। वैज्ञानिकों को यह खोज करने में अधिक समय नहीं लगा कि पूर्ण टेलीग्राफ परिपथ पर संदेश भेजने और पाने के लिए दो तारों का प्रयोग करने की बजाय,एक तार के स्थान पर पृथ्वी का उपयोग किया जा सकता है। फिर उन्होंने एक ही तार के माध्यम से दो, फिर चार, फिर अनेक संदेश

भेजने की विधियां ढूंढ निकालीं—यहां तक कि उन्होंने एक तार पर एक ही समय दोनों तरफ से संदेश भेजने और पाने की विधि भी खोज ली। तारों की संख्या कम करने का अब एक और तरीका खोज लिया गया है। कई जगहों पर तार से भेजे जानेवाले संदेश दूरी का अधिकांश भाग रेडियो तरंगों के माध्यम से तय करते हैं।

तार से संदेश भेजने और पाने के तरीकों में भी उत्तरोत्तर विकास होता गया है। बहुत-से दफ्तरों में टेलीप्रिंटर मशीनें प्रयोग में आती हैं। टेलीप्रिंटर मशीन का ग्राहक यंत्र संदेश को विधिवत् यंत्र के रूप में टाइप करता चलता है। आजकल तार से चित्र भेजना भी सम्भव हो गया है। फैकसिमिली नामक विशेष मशीनों पर चित्र तार से एक जगह से दूसरी जगह भेजे जाते हैं। इनका उपयोग सारे संसार में समाचार-चित्रों को भेजने के लिए होता है।

(देखें : आविष्कार ; समुद्री केबल)

टेलीफोन (TELEPHONE) : सन् 1837 में टेलीग्राफ के आविष्कार से यह सिद्ध हो गया कि विद्युत् के माध्यम से संदेश भेजे जा सकते हैं। परन्तु, आरम्भ में टेलीग्राफ से जानेवाले संदेशों को संकेताक्षरों में भेजना पड़ता था। शीघ्र ही लोगों के दिमाग में यह बात आने लगी कि क्या किसी तरह बिजली बोले गए शब्दों को एक से दूसरी जगह नहीं ले जा सकती।

सन् 1876 में अलेक्ज़ेंडर ग्राहम बेल ने तार में बहती हुई विद्युत्धारा में ध्वनि के द्वारा परिवर्तन लाने की एक विधि ढूढ निकाली। उन्होंने उन परिवर्तनों से पुनः ध्वनि उत्पन्न करने की विधि भी खोज ली। इस तरह उन्होंने टेलीफोन का आविष्कार किया। 'टेलीफोन' शब्द दो ग्रीक शब्दों से बना है जिनका अर्थ होता है 'दूर से बोलना'। इसीलिए टेलीफोन को हिन्दी में 'दूरभाष' भी कहते हैं।

साथ के चित्र में सबसे ऊपर एक बहुत ही सरल टेलीफोन-परिपथ का रेखाचित्र दिया गया है। एक प्रेषक यंत्र एक ग्राहक यंत्र से तारों के द्वारा जुड़ा हुआ है जिसमें सेलों से निकलकर विद्युत् प्रवाहित होती है।

प्रेषक यंत्र का हृदय है एक कार्बन चैम्बर, जिसमें कार्बन के कण होते हैं। विद्युत्धारा एक तार से आती है और कार्बन चैम्बर से होकर दूसरे तार के माध्यम से चली जाती है। कार्बन चैम्बर के सामने धातु की बनी एक पतली पत्ती होती है जिसे डायफ्राम कहते हैं। जब कोई व्यक्ति प्रेषक में बोलता है तो ध्वनि की तरंगों से डायफ्राम में कम्पन होता है, अर्थात् वह आगे और पीछे हिलने लगता है। जब डायफ्राम पीछे की तरफ आता है तो कार्बन के कण परस्पर निकट आ जाते हैं। जब वह आगे की ओर जाता है तो कार्बन के कण हटकर अलग-अलग होने लगते हैं। जब कार्बन के कण परस्पर जुटे रहते हैं, तो विद्युत्धारा अपेक्षाकृत अधिक प्रबलता से कार्बन चैम्बर

सरल टेलीफोन परिपथ का रेखाचित्र

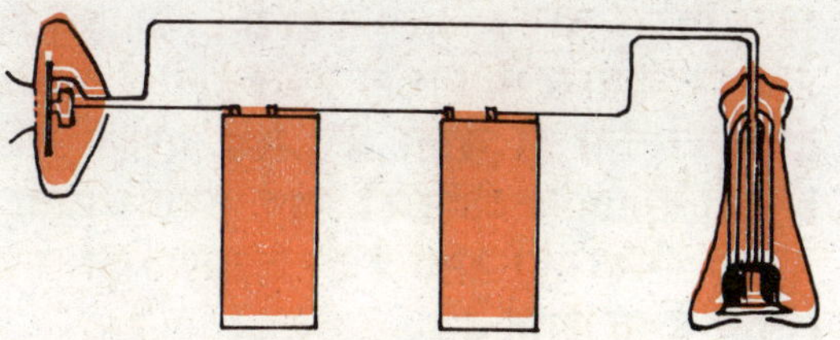

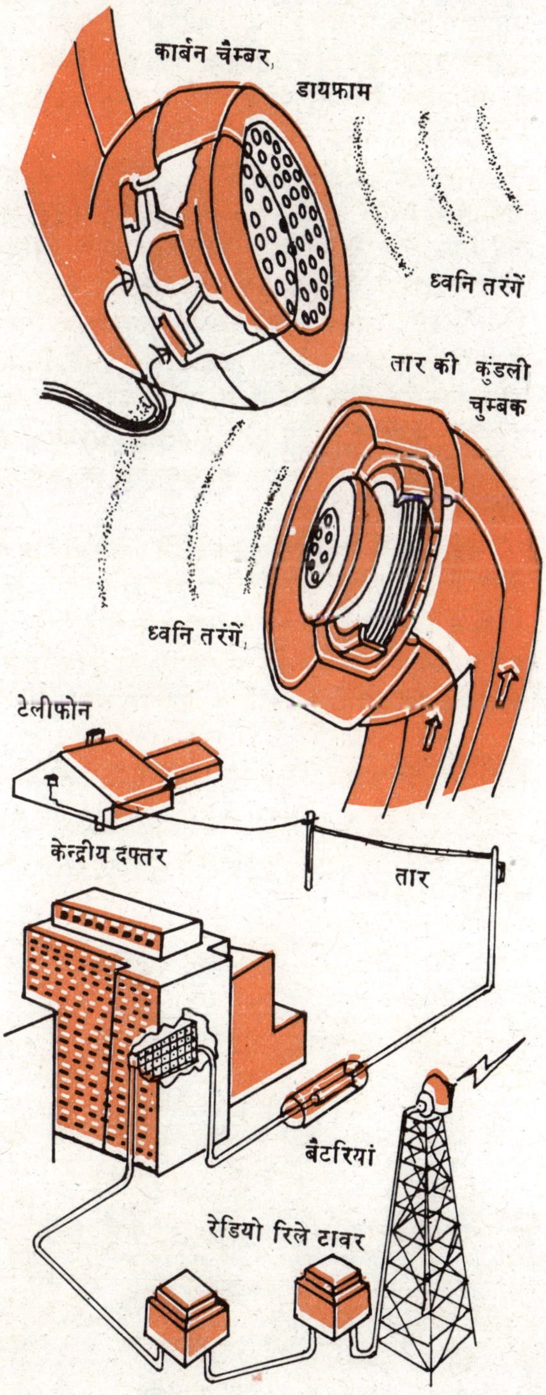

से होकर प्रवाहित होती है। ग्राहक यंत्र में एक विद्युत्-चुम्बक होता है ग्रौर एक डायफ़ाम भी होता है। विद्युत्-धारा विद्युत् चुम्बककी कुंडलियों से होकर प्रवाहित होती है। विद्युत्धारा जितनी ही प्रबल होती है चुम्बक उतना ही शक्तिशाली हो जाता है। जब चुम्बक शक्तिशाली होता है तो वह डायफ़ाम को ग्रपने निकट खींचता है। जब चुम्बक कमज़ोर हो जाता है तो डायफ़ाम पुनः ग्रपनी पूर्व-स्थिति में ग्रा जाता है।

विद्युत्धारा के परिवर्तित होते रहने से ग्राहक यंत्र का डायफ़ाम प्रेषक यंत्र के डायफ़ाम की तरह ही ग्रागे ग्रौर पीछे हिलता रहता है। जब ग्राहक डायफ़ाम ग्रागे-पीछे हिलता है, तो उससे वैसी ही ध्वनि-तरंगें उत्पन्न होती हैं, जैसी तरंगें प्रेषक में बोलने से उत्पन्न होती हैं।

वास्तविक टेलीफोन-परिपथ रेखाचित्र में प्रदर्शित परिपथ से ग्रधिक जटिल होते हैं। परिपथ के हर सिरे पर एक प्रेषक, एक ग्राहक ग्रौर घंटी जैसा कोई ध्वनि-संकेत होता है। इसके ग्रलावा, टेलीफोन बहुत-से लोगों के पास होता है, ग्रौर जिसके पास टेलीफोन होता है वह ऐसे बहुत-से लोगों से बातचीत करना चाहता है। इसके लिए टेली-फोन एक्सचेंज होते हैं जहां की-बोर्ड पर काम कर रहे ग्रॉपरेटर सम्बन्ध जोड़ते ग्रौर तोड़ते हैं। ग्राजकल डायल-पद्धति से, बिना ग्रॉपरेटर की सहायता के ही, सम्बन्ध स्थापित हो जाते हैं।

बहुत दूर के लिए टेलीफोन करने पर टेलीफोन ध्वनि-तरंगें मार्ग की कुछ दूरी के लिए रेडियो से रिले कर दी जाती हैं। समुद्र के भीतर टेलीफोन के तार बिछ जाने से ग्रब महासागर के पार बैठे ग्रादमी से भी सरलता से बात-चीत की जा सकती है। (देखें : ग्राविष्कार)

टेलीविज़न (TELEVISION) : हिन्दी में टेलीविज़न को 'दूरदर्शन' कहते हैं। लेकिन टेलीविज़न में केवल दूरदर्शन ही नहीं होता दूरश्रवण भी होता है, ग्रर्थात् दूर की ग्रावाज़ भी सुनी जाती है।

रेडियो की ध्वनियों की तरह ही टेलीविज़न के चित्र भी वायु से होकर ग्रपने मूल रूप में नहीं ग्राते। प्रसारण-केन्द्र पर चित्रों ग्रौर ध्वनियों, दोनों को ग्रदृश्य तरंगों में बदल दिया जाता है। ग्राहक यंत्र में वे पुनः चित्रों ग्रौर ध्वनियों में बदल जाते हैं।

टेलीविज़न कैमरे में एक इलेक्ट्रॉन-नली होती है जो उसमें ग्रांख का कार्य करती है। इसे ग्रॉर्थिकान ट्यूब कहते हैं। प्रकाश इस नली में एक लेंस से होकर ग्राता है ग्रौर एक प्रकाश-संवेद्य स्क्रीन पर पड़ता है। जब प्रकाश इस स्क्रीन पर पड़ता है तो इलेक्ट्रॉन कण इससे ग्रलग हट जाते हैं।

बच्चे घर में टेलीविज़न देख रहे हैं।

जहां जितना ही तेज़ प्रकाश पड़ता है, उस भाग से उतने ही ग्रधिक इलेक्ट्रॉन ग्रलग हटते हैं। ये इलेक्ट्रॉन बहकर एक प्लेट पर जमते हैं, जिसे 'टार्गेट' या लक्ष्य कहा जाता है। इनसे टार्गेट प्लेट पर एक ग्रदृश्य इलेक्ट्रॉन-चित्र बन जाता है।

ग्रब चित्र एक धारा में बदल जाता है जिसे चित्र-संकेत या पिक्चर सिग्नल कहते हैं। यह संकेत प्रवाहित होकर प्रेषक यंत्र तक जाता है। इस मार्ग में धारा प्रबल या विस्तारित हो जाती है।

लेकिन सम्पूर्ण चित्र एकसाथ ही चित्र-संकेत का रूप

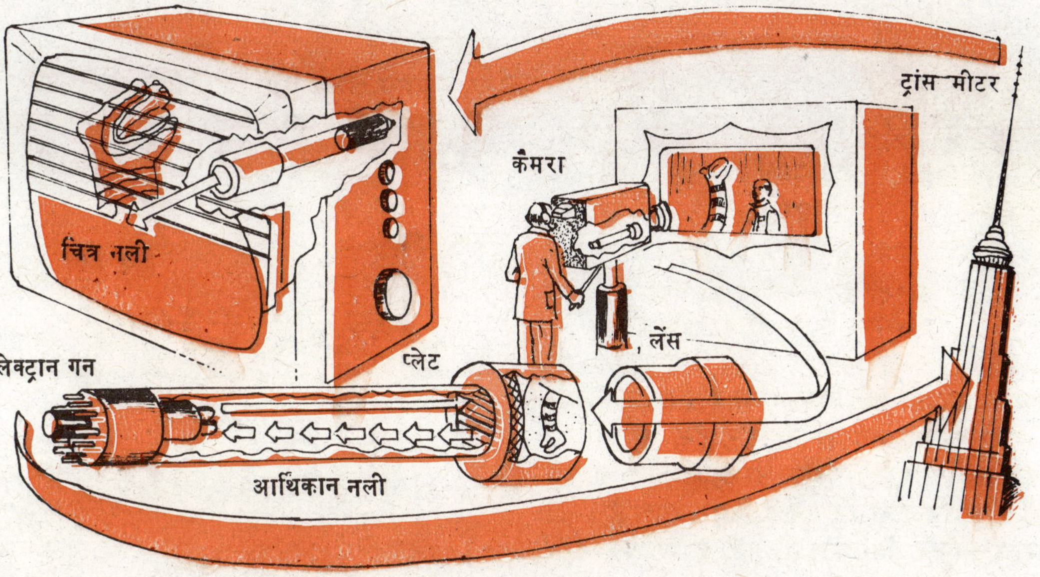

इस चित्र में टेलीविज़न प्रसारण के लिए आवश्यक उपकरण दिखाए गए हैं।

ग्रहण नहीं करता। इसे टुकड़े-टुकड़े में चित्र-संकेतों में बदला जाता है। ऑर्थिकान ट्यूब के पिछले भाग में एक इलेक्ट्रॉन गन होती है। यह टार्गेट पर इलेक्ट्रॉन चित्र को लयबद्ध करती है। जिस तरह हम किताब के पृष्ठ पर एक पंक्ति के बाद दूसरी पंक्ति के अक्षर पढ़ते हैं, उसी तरह यह टार्गेट पर एक के बाद एक करके सीधी रेखाओं में आवेग से पहुंचती है। लयबद्ध करने की प्रत्येक क्रिया में यह टार्गेट पर 525 बार पहुंचती है और इसके बाद पुनः अपना कार्य आरम्भ करती है। सारे टार्गेट पर अपना कार्य यह प्रत्येक सेकंड में 30 बार करती है। गन से छूटे हुए कुछ इलेक्ट्रॉन उछलकर पुनः वापस होते हैं। चित्र के कुछ हिस्सों से कम और कुछ हिस्सों से ज़्यादा इलेक्ट्रॉन वापस होते हैं। वापस होते हुए इन इलेक्ट्रॉनों के प्रवाह की एक परिवर्तित होती रहनेवाली धारा बनती है, जो चित्र-सकेत में बदल जाती है।

जिस समय चित्र चित्र-संकेतों में बदलते रहते हैं, उसी दौरान ध्वनियां ध्वनि-संकेतों में बदलती रहती हैं। प्रेषक यंत्र इन दोनों संकेतों को वायुमंडल में भेजता है।

ग्राहक टेलीविज़न का मुख्य अंग एक कैथोड-किरण नली होती है जिसे चित्र-नली भी कहते हैं। कैमरे के पीछे लगी गन जैसी एक इलेक्ट्रॉन गन इसके भी पीछे लगी होती है। जिस समय कैमरे की गन वहां की नली में अपना कार्य कर रही होती है, उसी समय उसी क्रम में उसी तरह यह गन भी चित्र-नली में सक्रिय रहती है। इससे इलेक्ट्रॉनों की एक किरणावली विकीरित होती है, जिसमें उसी तरह परिवर्तन होता रहता है जिस तरह कैमरे में टार्गेट से विकीरित किरणें परिवर्तित होती रहती हैं। चित्र-नली के बड़े सिरे पर वह पर्दा होता है जिसपर हम चित्र देखते हैं। इस पर्दे के भीतर की ओर एक रासायनिक लेप लगा होता है, जो इलेक्ट्रॉनों के पड़ने पर चमक उठता है।

जैसे-जैसे इलेक्ट्रॉन एक के बाद एक परदे पर पड़ते हैं, वे उस चित्र की रचना करते जाते हैं जिसे कैमरे की 'आंख' देखती है। ये चित्र एक के बाद एक इतनी तेज़ी से आते हैं कि चलते-फिरते दिखाई देते हैं। चित्र-नली से चित्र बनने के साथ ही साथ अन्य नलियों और लाउड-स्पीकर से ध्वनियां आती हैं, जो हमें सुनाई पड़ती हैं।

टेलीविज़न-कार्यक्रमों को लानेवाली तरंगें प्रसारण केन्द्र से सीधी रेखाओं में आती हैं। चूंकि पृथ्वी की सतह चापाकार होती है, इसलिए ग्राहक टेलीविज़न प्रसारण केन्द्र से बहुत दूर होने पर काम नहीं देगा। कोई डेढ़ सौ किलोमीटर बाद ही तरंगों को पकड़ने के लिए बहुत ऊंचे एरियल की ज़रूरत पड़ती है।

रंगीन टेलीविज़न इससे अधिक जटिल होता है, पर उसका भी सामान्य ढांचा यही है। उसमें भी चित्र अदृश्य तरंगों में बदलते हैं, और अदृश्य तरंगें परिवर्तित होकर पुनः चित्र बनाती हैं। (देखें : आविष्कार; रेडियो)

ट्रांज़िस्टर (TRANSISTOR) : कुछ वर्ष पहले किसीने ट्रांज़िस्टर का नाम तक नहीं सुना था। आज अनेक रेडियो ऐसे हैं जिनमें वाल्वों (Valves) का स्थान ट्रांज़िस्टर ने ले लिया है। ये रेडियो ट्रांज़िस्टर रेडियो या ट्रांज़िस्टर सेट कहलाते हैं। ट्रांज़िस्टर बहुत छोटे होते हैं। उनमें से अनेक तो माचिस की तीली के गोल सिरे के बराबर होते हैं।

ट्रांज़िस्टर का मुख्य हिस्सा जर्मेनियम नामक धातु से बनता है। पहले जर्मेनियम का शोधन किया जाता है। शोधन के बाद जर्मेनियम पर कम मात्रा में दूसरे पदार्थों

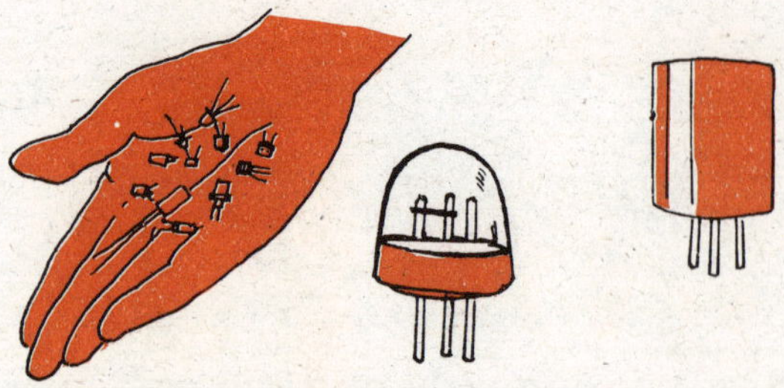

कुछ ट्रांज़िस्टर माचिस की तीली के गोल सिरे के ही बराबर होते हैं।

का लेप किया जाता है। फिर जर्मेनियम के क्रिस्टल बनाए जाते हैं। हीरों को काटनेवाली आरी से इन क्रिस्टलों को काटकर छोटी-छोटी पटियां बना ली जाती हैं। अंत में इन पटियों को ट्रांज़िस्टरों का रूप दे दिया जाता है।

ट्रांज़िस्टर की एक विशेषता तो यही है कि यह बहुत छोटा होता है। दूसरी विशेषता यह है कि इससे ताप बहुत कम परिमाण में निकलता है। यह बहुत मामूली से करंट से ही काम करने लगता है और बहुत दिनों तक चलता है। ट्रांज़िस्टर पर यह कहावत पूरी तरह सही उतरती है कि 'दादा दें और पोते बरतें'। (देखें : रेडियो)

डाक टिकट (STAMPS) : जब हम कोई चिट्ठी डाक में डालते हैं तो उसे उस व्यक्ति तक सुरक्षित पहुंचाने में, जिसके पास हम चिट्ठी को भेजना चाहते हैं, कई व्यक्तियों का हाथ लगता है। लेटरबक्स से कोई इसे निकालता है, फिर कोई इसे अन्य चिट्ठियों से छांट-कर अलग करता है। वहां से इसे निकट के डाकघर को भेजा जाता है। अगर इसे कहीं दूर जाना है तो इसे रेल से या वायुयान से भेजा जाता है। जब यह अपने निश्चित स्टेशन पर पहुंच जाती है तो इसे पुनः छांटा जाता है, और फिर इसे डाकिया उस व्यक्ति के पास पहुंचाता है। इतने अधिक कार्य के लिए हमें एक पोस्टकार्ड की कीमत सिर्फ छः पैसे देनी पड़ती है, जो इसके वितरण में भाग लेनेवाले व्यक्तियों की संख्या को देखते हुए बहुत ही कम है। टिकट खरीदना इसके लिए सरकार को मूल्य चुकाने का सबसे सरल तरीका है। वैसे जब हम भारी पार्सल भेजते हैं तो हमें ज़्यादा पैसा देना पड़ता है, क्योंकि वह अधिक स्थान घेरता है और पत्र की तुलना में बहुत भारी भी होता है।

प्रतिवर्ष करोड़ों पत्र और पार्सल डाक टिकटों की सहायता से संसार-भर में एक जगह से दूसरी जगह की यात्रा करते हैं। दुनिया के हर देश में डाक टिकट चलते हैं। सामान्य भारतीय डाक टिकटों पर भारत का, या किसी प्रसिद्ध भारतीय व्यक्ति, पशु, पक्षी का चित्र बना होता है। अन्य देशों के भी टिकटों पर राज्य-चिह्नों, राजनीतिज्ञों आदि के चित्र होते हैं। सारी दुनिया में विविध प्रकार के नमूनों और चित्रों वाले डाक टिकट प्रचलित हैं।

बहुत-से लोगों को डाक टिकट संग्रह करने का शौक होता है। ये लोग दुर्लभ टिकटों को बहुत मूल्यवान समझते हैं और अत्यन्त दुर्लभ टिकटों को बहुत अधिक कीमत

डाक टिकट

देकर खरीदते हैं। वैसे यह बात विचित्र लगती है, पर है सही कि सबसे बहुमूल्य टिकटों में अधिकांश वे टिकट हैं जो कुछ गलत छप गए थे। यदि किसी टिकट संग्रहकर्ता के एलबम में ऐसे टिकट हों तो जाहिर है वह इनसे बहुत अधिक धन उपार्जित कर लेगा। (देखें : शौक)

डागेरोटाइप चित्रों के ज़माने में एक फोटो खींचने में कभी-कभी आधा घंटा लग जाता था ।

डागेरोटाइप (DAGUERREOTYPE) : कैमरे का सिद्धान्त कई सौ साल से मालूम रहा है, लेकिन फोटोग्राफी का आविष्कार हुए अभी बहुत कम समय बीता है ।

प्रारम्भिक फोटोग्राफी के चित्र डागेरोटाइप कहलाते थे । उन दिनों फिल्म या शीशे की प्लेट की जगह तांबे की तख्ती का प्रयोग होता था । इस तख्ती पर उसी प्रकार रासायनिक द्रव्यों का लेप किया हुआ होता था जैसा अब फिल्मों और प्लेटों पर होता है ।

डागेरोटाइप का आविष्कार एक फ्रांसीसी, लुई डागेर ने किया था । उसने कुछ आरम्भिक फोटो खींचे थे ।

डागेरोटाइप चित्र अच्छे नहीं होते थे। लोगों ने जल्दी ही उन्हें और अच्छा बनाने के तरीके ढूंढ निकाले । आज फोटोग्राफी का जो इतना विकास हुआ है, उसका बहुत कुछ श्रेय डागेर को है ।

डायोरामा (DIORAMA) : यहां डायोरामा का एक चित्र है । डायोरामा या पारचित्र में रंग और प्रकाश की सहायता से विभिन्न प्रकार के दृश्य प्रदर्शित किए जाते हैं । यह एक प्रकार का छोटा-सा मंच होता है । इसकी

अच्छे डायोरामा में दृश्य बिलकुल सच्चा मालूम होता है ।

पृष्ठभूमि को किसी नाटक के मंच की भांति ही चित्रित किया जाता है । इसमें नाटक के अभिनेताओं की तरह कोई चलने-फिरनेवाला नहीं होता है । उनकी जगह तरह-तरह के मॉडल होते हैं जो अपनी जगह पर स्थिर रहते हैं । अच्छे डायोरामा में यह देख पाना कठिन होता है कि मॉडल और पृष्ठभूमि के बीच कितना अन्तर है ! डायोरामा आम तौर से संग्रहालयों में बनाए जाते हैं, क्योंकि उनमें दिखाए गए दृश्य मामूली चित्रों से अधिक प्रभावपूर्ण होते हैं ।

ड्रेक, सर फ्रांसिस (SIR FRANCIS DRAKE 1540-1596): इंग्लैंड की रानी एलिज़ाबेथ प्रथम ने अपने जहाज़ियों को नये स्थानों की खोज के लिए दूर-दूर तक भेजा था । इनमें जिस जहाज़ी ने सबसे लम्बी यात्रा की उसका नाम है फ्रांसिस ड्रेक । उसने पूरी पृथ्वी का चक्कर लगाया था ।

ड्रेक बड़ा साहसी था । उसने यात्रा के दौरान दूसरे देशों के बहुत-से जहाज़ों पर कब्ज़ा किया और खूब धन

रानी ने ड्रेक को 'सर' की उपाधि दी ।

इकट्ठा किया । अपने इस काम में ड्रेक लगभग एक समुद्री डाकू ही बन गया । लेकिन उसने केवल अपने लिए ही नहीं रानी के लिए भी धन इकट्ठा किया था । उसके जहाज़ का नाम 'गोल्डन हिन्द' था । उसके साथी उसे अपने राजा की तरह मानते थे ।

ड्रेक पृथ्वी का पूरा चक्कर लगानेवाला पहला जहाज़ी था । उसके पहले पुर्तगाल के कप्तान मैगेलान के जहाज़ों ने पृथ्वी का चक्कर लगाने की कोशिश की थी । लेकिन यात्रा के बीच ही मैगेलान की मृत्यु हो गई थी ।

लेकिन अगर ड्रेक ने पृथ्वी का चक्कर नहीं लगाया होता तो भी वह प्रसिद्ध हो जाता, क्योंकि उसके नेतृत्व में एक अंग्रेज़ी जहाज़ी बेड़े ने स्पेनी बेड़े को हराया था । स्पेन के राजा ने इंग्लैंड पर आक्रमण करने के लिए एक

बड़ा जहाज़ी बेड़ा भेजा था। दूसरे देशों के जहाज़ियों को मालूम था कि ड्रेक एक वीर योद्धा और बहुत अच्छा जहाज़ी है। जब स्पेनी बेड़े के एक जहाज़ के कप्तान को पता चला कि उसे ड्रेक के विरुद्ध लड़ना है तो उसने तुरंत हथियार डाल दिए। ड्रेक जहाज़ियों के बीच ड्रैगन (नाग) के नाम से विख्यात था। इंग्लैंड को एक बहुत बड़ी समुद्री शक्ति बनाने का काम ड्रेक ने ही किया था।

(देखें : खोज-यात्री)

ताजमहल (TAJMAHAL) : आगरे का ताजमहल अपनी सुन्दरता के लिए सारे संसार में प्रसिद्ध है। यह बेगम मुमताजमहल का मकबरा है, जो उसकी याद में उसके पति मुगल बादशाह शाहजहां ने बनवाया था।

ताजमहल तक पहुंचने के लिए पहले एक विशाल द्वार में से प्रवेश करना होता है। इसके आगे एक सुन्दर बाग है।

बाग में फूलों के लिए पत्थर की क्यारियां कटी हैं। बीच में एक पतली नहर है जिसमें जगह-जगह फौवारे छूटते हैं। हौज़ों में रंगीन मछलियां तैरती रहती हैं। नहर के दोनों ओर ऊंचे सरो के पेड़ों की कतारें चली गई हैं। बाग को पार करते ही ताज आ जाता है।

ताज सफेद सगमरमर का बना है। एक विशाल और ऊंचे चबूतरे पर चारों कोनों में चार मीनारें खड़ी हैं। बीच में ताज की मुख्य इमारत है। इसपर बीच में एक बड़ा गुम्बद है और उसके चारों ओर छोटी बुर्जियां हैं। ताज के मेहराबदार दरवाज़ों पर कुरान की आयतें लिखी हैं। भीतर एक परिक्रमा-सी है जिसमें रोशनदानों से छन-छनकर हलका-सा प्रकाश आता है।

सीढ़ियां उतरकर, नीचे मुमताजमहल और शाहजहां की कब्रें मिलती हैं। कब्रों के इर्दगिर्द अष्टकोण में संगमर-मर की अत्यन्त सुन्दर जाली काटी गई है। यह कला का अनुपम नमूना है। कहते हैं कि इस जाली के बनने में दस वर्ष लगे थे। कब्रों के ऊपर के सफेद पत्थर कला के जादू से फूलों के बाग-से लगते हैं।

ताजमहल के पीछे जमुना बहती है। उसके जल में इसकी पूरी छाया डोलती रहती है। चांदनी रात में ताज इतना सुन्दर लगता है कि दर्शक मंत्रमुग्ध रह जाता है।

ताजमहल के बनने का किस्सा भी गज़ब का है। बेगम मुमताजमहल का कम आयु में ही बुरहानपुर में देहान्त हो गया था। वे अपने पति के साथ उनके विशाल साम्राज्य को देखने निकली थीं। कुछ समय बाद उनकी अस्थियां आगरे लाई गईं और 1632 में ताज का निर्माण शुरू हुआ। यह मकबरा उस्ताद ईसा के शीराजी मॉडल पर बनाया गया। इसके लिए, भारत के अलावा, फारस, अरब, अरमीनिया, कुस्तुन्तुनिया और वेनिस तक से संगतराश, पच्चीकार, गुंबदकार आदि बुलाए गए। चीन, तिब्बत, अरब, ईरान और शहर मुंजान से स्फटिक, नीलमणि, बिल्लौर, याकूत आदि मंगाए गए। करोड़ों रुपया खर्च हुआ और लाखों मज़दूरों ने तीस साल तक मेहनत करके इसे तैयार किया। शाहजहां अपने आखिरी दिनों में आगरे के किले में से हरदम इसीको निहारा करता था।

तापन और संवातन (HEATING AND VENTILA-TION) : गरम करने को तापन और हवा आने-जाने की व्यवस्था को संवातन कहते हैं। दुनिया के बहुत-से हिस्सों में ज़ोरों का शीत पड़ता है। ऐसी ठंडी जगहों में मनुष्य के रह सकने का एक कारण यह भी है कि उसने अपने घरों को तपाकर गरम रखना सीख लिया है। तापन का अधिकांश काम अग्नि से होता है।

अग्नि से तापन का विचार कोई बहुत नया नहीं है। हज़ारों वर्ष पूर्व गुफा में रहनेवाला मानव लकड़ियों को जलाकर अपने रहने की जगह को गरम रखता था। इन गुफाओं का फर्श चट्टानों या मिट्टी का होता था, इसलिए आग जलाना आसान और सुरक्षित होता था।

रोमनों ने केन्द्रीय तापन (Central Heating) की व्यवस्था चलाई। वे इमारत के बीच के कमरे में आग जला देते थे। मोखों से जानेवाली गरम हवा हर कमरे की ठंडक दूर कर देती थी। इमारतों में गरम हवा हर कमरे तक पहुंचाने के लिए पाइप लगे रहते थे।

रोमनों के बाद कोई डेढ़ हज़ार वर्ष तक केन्द्रीय तापन की व्यवस्था पर किसीने ध्यान नहीं दिया। लोग हर कमरे में आग जलाते और उसे गरम रखते थे। पहले कमरे के बीच में आग जला दी जाती थी, फिर दीवार में आतिशदान बनने लगे। दीवार में इस बात का भी इन्तज़ाम रखा जाता कि आतिशदान का धुआं बाहर निकल जाए। फिर चिमनियां बनीं। मध्ययुग की कुछ इमारतों में तो आतिशदान इतने बड़े होते थे कि उनमें जलनेवाले लक्कड़ों को एक आदमी अकेला नहीं उठा सकता था।

इसके बाद स्टोव बनने शुरू हुए। स्टोव कई तरह के बने। इनमें बेंजामिन फ्रेंकलिन का स्टोव बड़ा लोकप्रिय हुआ। बरसों तक अमरीका में घर-घर में फ्रेंकलिन स्टोव ही

लगाए जाते थे। इसके बीच में आग होती और चारों तरफ लोहे का चक्र, जो गरम होने के बाद गर्मी को बाहर छोड़ता।

बाद में फिर केन्द्रीय तापन-व्यवस्था चली। ऐसा बड़ी इमारतों के बनने के कारण हुआ। इसमें गरम हवा, गरम पानी या भाप पाइपों द्वारा हर कमरे में भेजी जाती है जो उसे गरम रखती है। बॉयलर में कोयले या गैस का उपयोग किया जाता है।

स्टीम की व्यवस्था में पाइपों द्वारा गरम भाप भेजकर कमरा गरम रखा जाता है। गरम हवा की व्यवस्था में हर कमरे में एक छेद होता है, जिससे गरम हवा कमरे में आती है। ठंडी हवा दूसरे छेद से बॉयलर में पहुंचती है। इन छेदों को रजिस्टर कहते हैं।

अब बिजली के हीटरों का भी तापन के लिए उपयोग होने लगा है। सूर्य से ऊष्मा लेकर तापन करने के लिए भी प्रयोग किए जा रहे हैं। लेकिन कठिनाई यह है कि अगर सूर्य किसी दिन न निकले तो क्या किया जाए। धूपवाले दिन और बदलीवाले दिन, दोनों के लिए तापन की दो व्यवस्थाएं करनी होंगी।

एस्कीमो लोगों के घर, जिन्हें इगलू कहते हैं, बड़े गरम होते हैं। लेकिन इनकी कठिनाई यह है कि इनमें संवातन, यानी हवा के आने-जाने की कोई व्यवस्था नहीं होती।

आजकल तापन और संवातन की क्रियाएं एक ही में जोड़ दी गई हैं। कमरों की गंदी हवा को फिल्टरों या अन्य साधनों से साफ कर दिया जाता है। अच्छी तापन-व्यवस्था द्वारा घर में ऐसा लगता है कि मौसम ही बदला हुआ है। (देखें : वातानुकूलन)

ताला (LOCKS) : कभी-कभी यह कहने के स्थान पर कि 'इस चीज़ को खूब संभालकर रखो', हम कहते हैं 'इसे ताले में बन्द कर दो।' हज़ारों वर्ष से लोग चीज़ों को सुरक्षित रखने के लिए ताले और चाभी का प्रयोग करते रहे हैं। प्राचीन मिस्र में भी ताले और चाभी का प्रयोग होता था।

प्रायः सभी तालों में चाभी लगती है। जिसमें चाभी नहीं लगती उसे पेंचदार ताला कहते हैं। इसे पेंचदार ताला इसलिए कहते हैं कि जब तक कोई आदमी इसे खोलने का पेंच न जानता हो तब तक इसे खोल नहीं सकता। इसमें कुछ घुंडियां बनी होती हैं। इन्हें घुमाकर एक निश्चित क्रम में लाना होता है। मान लीजिए यह ताला दा 7-बा 2-दा 5 पर खुलता है। अब घुंडी को दाईं ओर घुमाकर 7 के अंक पर लाना होगा। फिर उसे बाईं ओर घुमाकर 2 के अंक पर और फिर दाईं ओर घुमाकर 5 के अंक पर लाना होगा। अब ताला खुल जाएगा।

हर ताले में एक कुंडी लगी होती है। चाभी घुमाकर इस कुंडी को हटा देते हैं और ताला खुल जाता है। ऐसा

संग्राहक का पानी सूर्य के ताप से गरम होकर स्टोरेज टैंक में जाता है। उससे गरम हुई हवा घर के सभी कमरों में पहुंचाई जाती है।

करने के लिए चाभी को एक खास शक्ल का बनाया गया होता है।

येल ताले का आविष्कार लाइनस येल ने सन् 1848 में किया था। चित्र में यह दिखाया गया है कि येल ताला कैसे काम करता है। चाभी छोटी छड़ों या दांतों को घुमा देती है और कुंडी खुल जाती है।

बैंकों के तहखानों या वॉल्ट में बड़े-बड़े पेंचदार ताले लगे रहते हैं। ये चित्र में दिए हुए पेंचदार तालों से बहुत मिलते-जुलते होते हैं। बैंक के तहखानों के तालों का पेंच बहुत कम लोगों को मालूम होता है। वॉल्ट में लगे कुछ ताले घड़ीनुमा होते हैं। उन्हें इस तरह बनाया गया होता है कि अगर सारे पेंच ठीक भी कर दिए जाएं तो भी जब तक वह समय नहीं होगा जब के लिए ताले को बन्द किया गया है, तब तक ताला नहीं खुलेगा।

आज हर आदमी को कई तरह की चाभियां रखनी होती हैं, जैसे दरवाज़े की चाभी, गाड़ी की चाभी और दूसरी अनेक चाभियां। अच्छा ही है कि आज चाभियां पहले से अधिक छोटी होती हैं। यदि पुराने ज़माने के ढंग की चाभियां होतीं तो इन्हें लेकर चलना कठिन हो जाता। पुराने ज़माने में कुछ चाभियां लगभग एक फुट लम्बी होती थीं।

ताश (PLAYING CARDS) : ताश के पत्तों से हम सैकड़ों तरह के खेल खेल सकते हैं। ताश की एक गड्डी में 52 पत्ते होते हैं, और इनके अलावा एक या दो जोकर के पत्ते होते हैं।

ताश खेलने का रिवाज पूर्वी देशों से यूरोप में पहुंचा। संभवत: मूर लोगों के द्वारा यह खेल स्पेन में पहुंचा। इसका प्रचार यूरोप के देशों में मध्ययुग में हुआ। सन् 1279 में इस खेल के इटली में खेले जाने का उल्लेख मिलता है। इसके बहुत पहले से यह खेल भारत और चीन में खेला जाता था।

उस ज़माने में ताश की गड्डी आज जैसी नहीं होती थी। कुछ ताश चौकोर होते थे। कुछ हमारे आज के ताशों से बहुत छोटे होते थे। कुछ ताश गोलाकार भी होते थे। इनपर चिड़ी, हुकुम, पान और ईंट के चिह्न बनाने की प्रथा फ्रांस में प्रारंभ हुई। प्राचीन काल में स्पेन के ताश के पत्तों पर तलवार, डंडे, प्याले और सिक्के का चिह्न बना रहता था। हर रंग में एक गुलाम, एक बेगम और एक बादशाह हमेशा से रहे हैं। इनके अतिरिक्त एक गड्डी में भविष्यकथन के लिए कुछ अतिरिक्त पत्ते होते थे।

पहले पत्ते हाथ से बनाए जाते थे। कुछ तो बहुत खूबसूरती से रंगे हुए और सुनहरी भी होते थे। यह बात मानी हुई है कि ये ताश बहुत कीमती रहे होंगे। फ्रांस के एक राजा ने एक बार तीन गड्डी ताशों के लिए 200

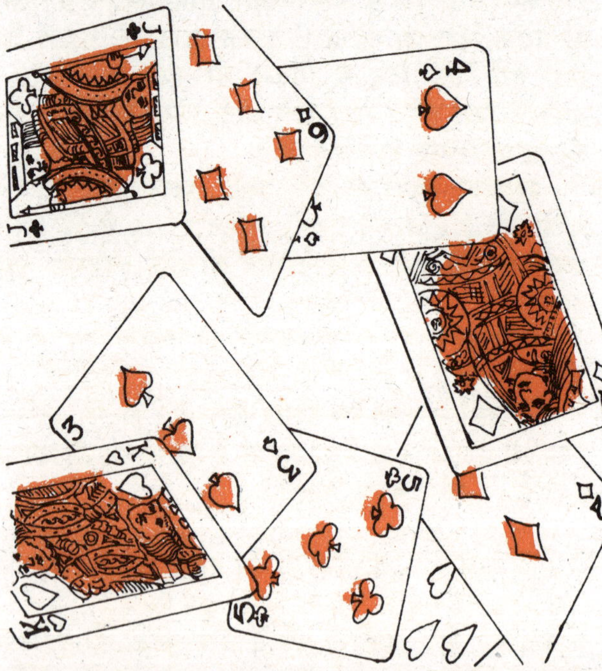

पौंड चुकाए थे। आजकल ताश मशीन से तैयार किए जाते हैं। पहले दो गड्डियों के लिए सारे कार्ड एक बड़े प्रेस में एक ताव पर एकसाथ छाप लिए जाते हैं। फिर यह ताव एक दूसरी मशीन पर जाता है, जहां इसे अलग-अलग काट लिया जाता है। फिर इसकी गड्डियों को एक तीसरी मशीन पर पहुंचाया जाता है, जहां इसके कोनों को सुथराई से काटा जाता है, और इन्हें डिब्बी में बंद किया जाता है। अब ताश काफी सस्ते मिलते हैं, अतः हर आदमी इन्हें खरीद सकता है।

तेनसिंग नोर्के (TENZING NORKEY 1914—) : 29 मई 1953 को भारतीय नागरिक तेनसिंग नोर्के ने संसार के सबसे ऊंचे और अजेय शिखर एवरेस्ट पर भारत का

राष्ट्रीय ध्वज फहराया था। सन् 1922 से प्राय: प्रत्येक वर्ष विश्व के सर्वश्रेष्ठ पर्वतारोही इस अजेय शिखर के सर पर पांव रखने का प्रयास करते आ रहे थे। लेकिन अंततः विजयश्री ने न्यूज़ीलैंड के एडमंड हिलैरी और भारत के तेनसिंग नोर्के को वरा। सन् 1952 में खराब मौसम के कारण तेनसिंग नोर्के को चोटी से केवल 150 गज़ की दूरी से वापस लौट आना पड़ा था। लेकिन वे इससे हतोत्साह नहीं हुए और अंततः कृतकार्य होकर ही माने।

शेरपा तेनसिंग नोर्के पुराने पर्वतारोही हैं। अपनी विजय-यात्रा के पूर्व अनेक बार वे विदेशी पर्वतारोहियों के दलों के साथ गाइड के रूप में जा चुके थे।

तेनसिंग नोर्के को भारत के राष्ट्रपति ने 'पद्मभूषण', इंग्लैंड की महारानी एलिज़ाबेथ ने 'जॉर्ज पदक' और नेपाल सरकार ने 'नेपाल तारा' की उपाधि प्रदान की।

(देखें : खोज-यात्री)

थरमस फ्लास्क (VACUUM (THERMOS) FLASK) : थरमस की एक बोतल में असल में तीन बोतलें होती हैं। अन्दरवाली दोनों बोतलें कांच की बनी होती हैं और ऊपरी सिरे पर जुड़ी होती हैं। इन दोनों बोतलों के बीच

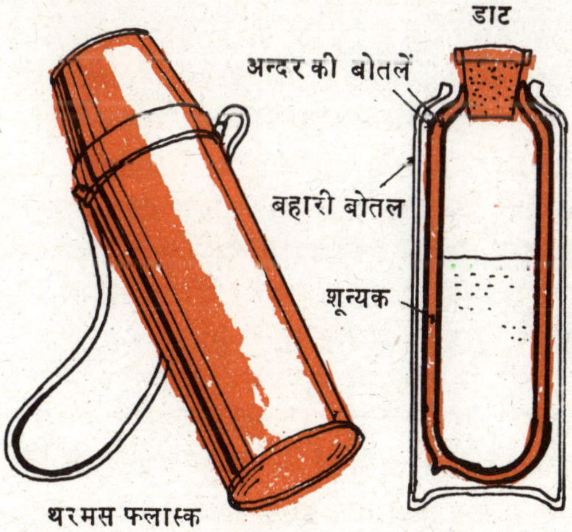

थरमस फ्लास्क

की लगभग सभी हवा निकाल दी जाती है और वहां लगभग पूर्ण शून्यक हो जाता है। बाहर की बोतल अन्दर की बोतलों की हिफाज़त करती है।

थरमस फ्लास्क में गरम चीज़ घंटों गरम और ठंडी चीज़ घंटों ठंडी रहती है। शून्यक होने के कारण ताप उसमें अंदर से बाहर या बाहर से अंदर की ओर आसानी से जा नहीं सकता।

दोनों बोतलों के बीच का शून्यक ताप को अन्दर या बाहर रोक देता है। हवा न होने के कारण ताप दोनों बोतलों के बीच नहीं पहुंच पाता। बोतलों पर किया गया चांदी का पालिश भी इसमें सहायक होता है। खाली जगह में तो ताप की किरणें चल भी सकती हैं, लेकिन चांदी चढ़ी हुई दीवारें ताप की किरणों को उसी प्रकार लौटा देती हैं जैसे दर्पण प्रकाश की किरणों को लौटा देता है।

अगर किसी बोतल में दरार पड़ जाए तो थरमस बेकार हो जाता है। दरार में से होती हुई हवा अन्दर आ जाती है। हवा के आ जाने पर वहां शून्यक नहीं रह पाता जो ताप को अन्दर या बाहर रोक सके।

दक्षिण के मंदिर (TEMPLES OF SOUTH INDIA) : दक्षिण भारत के मंदिर उत्तर भारत के मंदिरों से बहुत बड़े और भिन्न हैं। ये एक-एक अकेले मंदिर नहीं, बल्कि कई-कई मंदिरों के परिवार हैं। इनमें बाहर चारों ओर ऊंचा परकोटा रहता है, जिसके प्रवेश-द्वार को 'गोपुरम्' कहते हैं। गोपुरम् काफी ऊंचा होता है। किसी-किसी मंदिर में एक से अधिक गोपुरम् होते हैं। गोपुरम् ज्यों-ज्यों ऊपर जाता है इसकी चौड़ाई छोटी होती जाती है। इसमें एक पर एक मंज़िल चढ़ी रहती है और यह मूर्तियों तथा अलंकरणों से छिता रहता है।

परकोटे के अन्दर कई चौक होते हैं। एक तालाब भी रहता है। कभी-कभी भीतर बाज़ार भी होता है। और पीछे अनेक मंज़िलों के शिखर वाला गगनचुम्बी मंदिर होता है—दूर तक फैला हुआ और अनेक बरामदों तथा दालानों वाला। मंदिर के चारों ओर परिक्रमा के लिए आंगन रहता है जिसमें देवी-देवताओं की अनेक कलात्मक मूर्तियां होती हैं।

कुछ मंदिरों में दालानों के खंभों पर अनुपम मूर्तियां बनी हैं और अद्भुत नक्काशी की हुई है। ये मंदिर भारतीय वास्तुकला और मूर्तिकला की अमूल्य निधियां हैं। तंजोर, मदुरा और चिदम्बरम् के मंदिर कला की दृष्टि से अद्वितीय हैं।

दर्पण (MIRRORS) : संभवतः सबसे पहला दर्पण या आईना किसी शांत सरोवर का निर्मल जल रहा होगा। निश्चय ही हमारे पूर्वपुरुषों ने यह देख लिया होगा कि वे स्वयं को स्थिर जल में देख सकते हैं।

प्राचीन काल में दर्पण धातुओं पर पालिश करके बनाए जाते थे। मिस्र की सुन्दरी महारानी क्लियोपैट्रा ने उस प्रकार के दर्पण में अपना मुंह कभी नहीं देखा जिस प्रकार के दर्पण का आज हम प्रयोग करते हैं।

मनुष्य अपनी शक्ल दर्पण में देख सकता है, क्योंकि जो प्रकाश दर्पण पर पड़ता है उसे वह वापस मोड़ देता है, अर्थात् परावर्तित करता है। गलीचों और रंगदार दीवारों आदि वस्तुओं पर जो प्रकाश पड़ता है उसमें से भी अधिकांश को वे परावर्तित कर देती हैं। किन्तु उनके द्वारा परावर्तित प्रकाश बिखरा रहता है। दर्पण द्वारा परावर्तित प्रकाश बिखरता नहीं, क्योंकि दर्पण की सतह बहुत चिकनी होती है।

कांच के कुछ सर्वोत्तम दर्पण पहले-पहल वेनिस में बने। किन्तु वे प्रारंभिक दर्पण कुछ लहरिया होते थे। बढ़िया दर्पण तब तक न बन पाए जब तक कि पट्टीकांच का आविष्कार न हुआ। शुरू-शुरू के पट्टीकांच बहुत महंगे होते थे। फ्रांस की एक दरबारी महिला ने एक बार एक दर्पण के लिए अपना एक बहुत बड़ा खेत दे डाला था, और इस सौदे से वह बहुत खुश हुई थी। उन्हीं दिनों फ्रांस के सम्राट लुई चौदहवें ने वार्साई के अपने महल में एक शानदार शीशमहल बनवाया था।

केवल कांच से ही अच्छा दर्पण नहीं बन जाता। उसकी पीठ पर कुछ ऐसी चीज़ पोतनी पड़ती है जिससे प्रकाश पार न जा सके। पहले दर्पणों पर पारे का लेप किया जाता था। किन्तु अब प्राय: चांदी का ही प्रयोग होता है।

कुछ दर्पण वक्र होते हैं। वक्र दर्पण में वस्तुएं जितनी बड़ी होती हैं उससे कहीं अधिक बड़ी, छोटी, लंबोतरी, पतली या मोटी दीख सकती हैं। वक्र दर्पण में वस्तुएं अधोमुख भी दिखाई दे सकती हैं। यह सब इस बात पर निर्भर करता है कि दर्पण कैसे वक्र है।

जादूगर अपने हाथ की कई सफाइयां दर्पण के द्वारा दिखाते हैं। माइक्रोस्कोप, पेरिस्कोप और टेलिस्कोप में भी दर्पण लगते हैं। दुनिया का सबसे प्रसिद्ध दर्पण कैलिफोर्निया की मौंट पैलोमर वेधशाला के टेलिस्कोप में है। यह 200 इंच चौड़ा एक वक्र दर्पण है।

दियासलाई (MATCHES) : आम तौर से दियासलाइयां बहुत छोटी होती हैं और देखने में बहुत मामूली मालूम होती हैं। लेकिन इनके कारण हम बहुत अधिक परेशानी से बच जाते हैं, साथ ही हमारा बहुतेरा समय भी बच जाता है।

पुराने ज़माने में जब दियासलाइयां नहीं थीं तब लोग हमेशा आग को जलाए रखते थे। अगर आग बुझ जाती थी तो किसी दूसरी जगह से उन्हें आग मांगकर लानी होती थी। प्राचीन काल में लोग चकमक पत्थर पर चोट करके आग की चिनगारियां पैदा करते थे। भारतीय ऋषि अरनी लकड़ी को रगड़कर यज्ञ के लिए आग पैदा करते थे। लेकिन उनके पास कोई ऐसा साधन नहीं था जिससे एक क्षण में वे आग तैयार कर लें।

प्राचीन काल में रोम के निवासी लकड़ी की सलाइयों के सिरे पर पिघली हुई गन्धक लगाकर रखते थे। गन्धक को आग बहुत जल्द पकड़ती है। लकड़ी की ये सलाइयां छोटी होती थीं और इन्हें एक स्थान से दूसरे स्थान पर आसानी से ले जाया जा सकता था। लेकिन इन्हें रगड़कर जलाया नहीं जा सकता था।

अमरीका और ब्रिटेन में भी आज से 200 वर्ष पूर्व गन्धक लगे हुए सिरेवाली सलाइयां प्रयोग में आती थीं। इन सलाइयों से इतनी बदबू निकलती थी कि दूकानदार इन्हें दूकानों में रखना पसन्द नहीं करते थे। इन सलाइयों को छोटे-छोटे लड़के फुटपाथों पर रखकर बेचते थे।

उन्नीसवीं शताब्दी के प्रारंभ में एक फ्रांसीसी ने 'तुरंत जलनेवाली आग का एक डिब्बा' तैयार किया। इसमें लकड़ी की एक सलाई के सिरे पर एक तरह का रसायन लगा होता था। एक बोतल में ऐस्बेस्टस को एक तेज़ अम्ल में डुबाकर रखा जाता था। जब सलाई का सिरा बोतल के ऊपर किया जाता था तब वह जल उठती थी।

आज हम दियासलाई की तीली को डिब्बी पर रगड़कर जला लेते हैं। इस तरह की रगड़ से सलाई का सिरा इतना गर्म हो उठता है कि उसे तुरंत आग पकड़ लेती है।

सबसे पहले रगड़ से जलनेवाली दियासलाई का आविष्कार अंग्रेज़ रसायनशास्त्री जॉन वॉकर ने सन् 1827 में किया। उसको यह विचार सूझा कि अगर सलाई के एक सिरे पर गंधक के साथ कोई ऐसा रसायन मिलाकर लगाया जाए जो गर्म होने पर ऑक्सीजन पैदा कर सके तो यह काम आसान हो जाए। उसकी दियासलाइयां रेगमाल कागज़ पर रगड़कर जलाई जाती थीं।

फास्फोरस गन्धक से भी अधिक आसानी से जल उठता है। बहुत पहले फास्फोरस की दियासलाइयां बनाई गईं। लेकिन फास्फोरस के काम में अनेक मज़दूर बीमार पड़ जाते थे। चार साल तक इसके ऊपर प्रयोग चलते रहे। अन्त में फास्फोरस के एक ऐसे यौगिक का आविष्कार हुआ

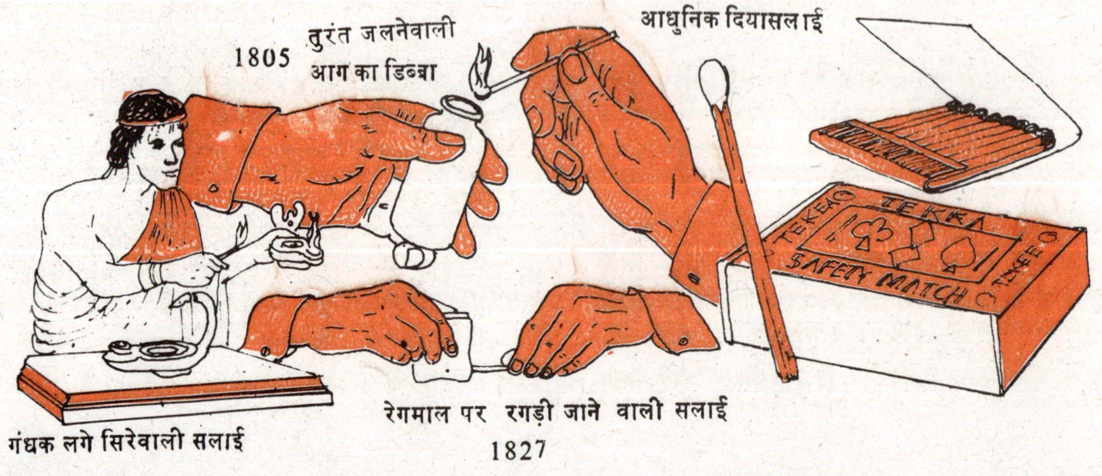

जिसे बिना मज़दूरों को नुकसान पहुंचाए तैयार किया जा सकता था।

आजकल ऐसी दियासलाइयों का भी प्रयोग होता है जिन्हें किसी भी खुरदरी चीज़ पर रगड़कर जलाया जा सकता है। इनकी सलाइयों के सिरे पर फास्फोरस का यौगिक लगा होता है। इसके अतिरिक्त इनमें शीशम, सरेस, और आॅक्सीजन पैदा करनेवाले रसायन भी मिले होते हैं।

साधारण दियासलाई की तीली को एक विशेष तल पर रगड़कर ही जलाया जा सकता है। इसकी डिब्बी या पत्ती पर एक विशेष पट्टी-सी लगी होती है। फास्फोरस इस पट्टी में लगा होता है, न कि तीली के सिरे पर। इस प्रकार की दियासलाई को सुरक्षा दियासलाई भी कहते हैं। इसका आविष्कार स्वीडन के गुस्तेव पाश ने 1844 में किया था। अब ये हर कहीं आसानी से मिल जाती हैं।

नायलोन (NYLON) : अभी कुछ साल पहले तक कपड़ा बनाने के लिए जिन रेशों का प्रयोग किया जाता था वे पेड़ों या जीवों से प्राप्त होते थे—जैसे रेशम के धागे, ऊन, रुई और लिनन। आज वैज्ञानिकों ने कई प्रकार के रेशे बनाने की युक्ति निकाल ली है। इनमें से कुछ रेशे हमारे काम में आई हुई रद्दी चीज़ों से बनते हैं। नायलोन इन आश्चर्यजनक रेशों में से एक है। नायलोन का आविष्कार वैज्ञानिकों ने कोयले, हवा और पानी से किया है।

नायलोन शब्द किसी प्राचीन शब्द से नहीं निकला है। इस नये पदार्थ के आविष्कारकों ने ही इस शब्द को भी बनाया। वे इसे एक ऐसा नाम देना चाहते थे जो छोटा हो और साथ ही आसान भी।

लोगों को पहली बार सन् 1938 में 'नायलोन' शब्द पढ़ने और सुनने को मिला। यह रेशम की तरह सुन्दर होता है और अधिक टिकाऊ भी होता है। इसके अलावा यह जल्दी सूख भी जाता है। नायलोन के कपड़ों को इस्तरी करने की भी ज़रूरत नहीं होती। नायलोन जल्द इसलिए सूखता है कि इसके रेशे पानी को नहीं सोखते। इसके लिए सिर्फ इतना समय चाहिए कि धागों के बीच रुका हुआ पानी भाप बनकर उड़ जाए।

लेकिन द्वितीय विश्वयुद्ध में नायलोन के कपड़े बहुत कम ही मिलते थे, क्योंकि नायलोन का अधिकांश भाग पैराशूट या हवाई छतरी बनाने के काम आता था। लेकिन युद्ध के समाप्त होते ही इसका चलन बढ़ गया।

नायलोन के रेशे बनाने के लिए पहले एक गाढ़ा घोल तैयार किया जाता है। यह देखने में शीरे जैसा मालूम होता है। इसके लिए बहुत तेज़ गर्मी और दबाव की ज़रूरत होती है। इस गाढ़े तरल पदार्थ को ठंडा होने के लिए पतली पट्टियों में फैला देते हैं। सूखकर यह कड़ा हो जाता है और जगह-जगह दरक जाता है। इस तरह इसकी चिप्पियां तैयार हो जाती हैं। फिर इन चिप्पियों को

नायलोन के उपयोग

पिघलाकर लोहे की एक प्लेट में बने बारीक छिद्रों में से नीचे गिराया जाता है। अब यह बहुत बारीक धागों की शक्ल ले लेता है और जल्द ही ठंडा होकर कड़ा हो जाता है। कई धागों को ऐंठकर बुनाई के लिए सूत तैयार किया जाता है। फिर इस सूत को तान दिया जाता है ताकि धागे मज़बूत हो जाएं।

आजकल घावों की सिलाई, टेनिस के रैकेट और मछली पकड़ने की बंसी के लिए नायलोन की तांत काम आती है। बटन, ग्रामोफोन की सुइयां और कुछ मशीनों के पुर्ज़े भी नायलोन से बनाए जाते हैं।

पहली नाव एक लटठा थी। फिर मनुष्य ने लट्ठों के बेड़े और खोखले लट्ठे की नावें बनाईं।

नाव (BOATS) : नदियां, समुद्र और महासागर अब हमारा रास्ता नहीं रोकते, बल्कि ये हमारे लिए एक प्रकार के मार्ग—जलमार्ग—का काम देते हैं। लेकिन बहुत प्राचीन काल में ऐसा नहीं था। आरंभिक युग में सागर द्वारा पृथक् दो भूमिखंडों का आपस में कोई संबंध नहीं होता था। इसी प्रकार बड़ी नदियों को भी पार करना संभव नहीं था। जब तक मनुष्य ने नाव बनाना नहीं सीख लिया तब तक यही स्थिति बनी रही। नाव का आविष्कार होने के बाद लोग पानी को पार करके यहां-वहां जाने-आने लगे। धीरे-धीरे बड़ी नावें बनीं। नावों ने सभ्यता के प्रसार में बहुत बड़ी सहायता दी।

लेकिन नाव का आविष्कार एकदम-से नहीं हुआ। लोगों ने धीरे-धीरे नाव बनाना सीखा। आरंभ में किसी शिकारी आदिम मानव ने नदी पर बहते किसी लट्ठे के सहारे नदी पार की होगी। जब इस तरह नदी पार करना संभव हुआ तो आदिम मानवों ने यह भी सोचा होगा कि इस प्रकार के कई लट्ठों को बांधकर एक चौड़ा-सा तख्ता या बेड़ा भी बनाया जा सकता है। उन्होंने लताओं या खाल की पट्टियों से लट्ठों को बांधकर तख्ता या बेड़ा बना लिया। फिर, यह सोचना भी उनके लिए मुश्किल नहीं रहा होगा कि अगर किसी बड़े पेड़ के तने को बीच से खोखला कर लिया जाए तो इससे एक अच्छी-सी नाव बन सकती है। यह बताना संभव नहीं है कि इस प्रकार की नाव सबसे पहले कहां और किसने बनाई। लेकिन हमें मालूम है कि उस ज़माने में ऐसी बहुत-सी नावें बनाई गई थीं। आज भी बहुत-से पिछड़े हुए आदिवासी लट्ठों को खोखला करके नावें बनाते हैं।

धीरे-धीरे लोगों ने दूसरी तरह की नावें बनाना भी सीखा। जहां लट्ठे नहीं मिलते थे वहां लोगों ने नरकुलों की और खाल की नावें बनाईं। आज भी इस प्रकार की नावें बनती हैं। नरकुलों, या खाल की नावों पर किसी ऐसी चीज़ का लेप कर दिया जाता है जो पानी को नाव में घुसने से रोक सकती है।

नाव बनाने की कला सीखने के साथ ही हमारे पूर्वजों ने धीरे-धीरे यह भी सीखा कि नावों को पानी में चलाया कैसे जा सकता है। उन्होंने लम्बे-पतले लट्ठों से या बांस से नाव को धकेलना और फिर लकड़ी की डांडें बनाना सीखा। उन्होंने देखा कि हवा के ज़ोर से भी नाव को चलाया जा सकता है। इस तरह उन्होंने पाल बनाना सीखा।

जब हम कहते हैं कि कोई चीज़ नाव या किश्ती के आकार की है, तो हमारा मतलब इस आकार से होता है:

लेकिन सभी नावें इस आकार की नहीं होतीं। कुछ नावें एक सिरे पर नोकीली और दूसरे सिरे पर चपटी होती हैं। कुछ नावें गोल होती हैं।

आजकल नदियों, झीलों और समुद्रों में अनेक प्रकार की नावें दिखाई देती हैं : डोंगियां, किश्तियां और बजरे; सैर-सपाटे, नौकाविहार और नौकादौड़ की नावें; यात्री-नावें और मालवाही बड़ी-बड़ी नावें; मछुओं की हल्की

मनुष्य ने तेज़ रफ्तार के लिए पाल बनाना और नरकुलों व खालों से नाव बनाना सीखा।

नहरी बजरों को घोड़ों से खिंचवाया जाता था

डांड़ों वाली नावें कम दूरी के लिए होती हैं

पालदार स्कूनर नावें सैर-सपाटे के काम आती हैं

नाव से ह्वेल का शिकार खतरनाक होता था।

सैर के लिए मोटरबोट का उपयोग।

नावें और समुद्र-यात्रा की भारी-भरकम नावें ; अगिन-बोट और मोटरबोट और छोटे जहाज़ के आकार की नावें। कुछ नावें ऐसी होती हैं जिनपर पूरे मकान बने होते हैं। इन्हें 'हाउसबोट' कहते हैं। कश्मीर में हाउस-बोट का बड़ा रिवाज है। इनमें लोग रहते हैं।

पतंग (KITES) : बच्चे बहुत पुराने ज़माने से पतंग उड़ाते रहे हैं। मुगल काल में पतंगबाज़ी के दंगल हुआ करते थे। हम आज भी लड़कों को पतंग के पेच लड़ाते देख सकते

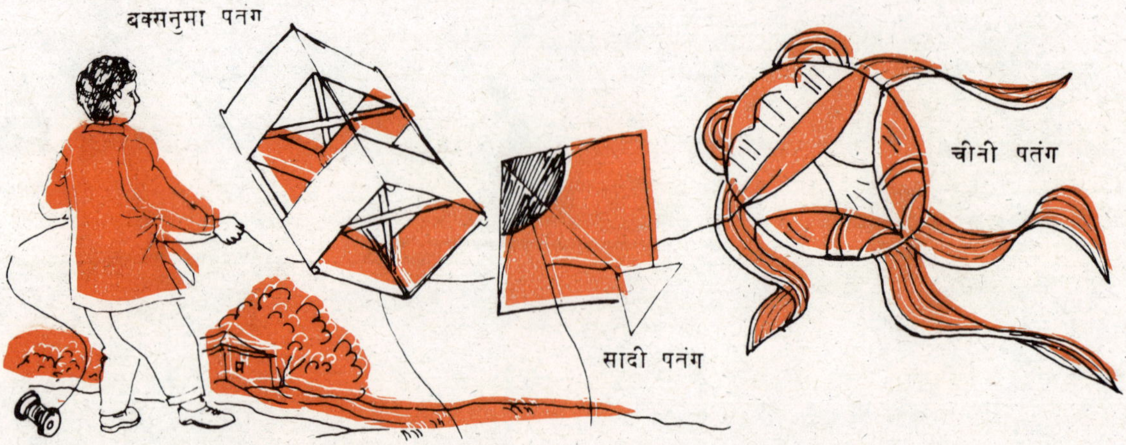

हैं। कुछ समय पहले तक बड़े-बूढ़ों में से भी कुछ शौकीन लोग पतंग लड़ाने की बाज़ियां बदा करते थे। लखनऊ के पतंगबाज़ों की कहानियां सुनकर हर लड़के का दिल बाग-बाग हो जाएगा।

यह किसीको पता नहीं कि किसने पतंग का आविष्कार किया। हां, इतना हम जानते हैं कि 2,000 साल पहले भी चीन में पतंगें उड़ाई जाती थीं।

ऋतुविज्ञानियों को मौसम का पता लगानेवाले उपकरणों को पतंग के सहारे धरती से चार मील ऊपर तक पहुंचाने में सफलता मिली है।

पनडुब्बी (SUBMARINES) : आणविक शक्ति से चलनेवाली पहली पनडुब्बी 'नॉटिलस' ने अगस्त, 1958 में उत्तरी ध्रुव को बर्फ के नीचे से पार करके ऐतिहासिक सफलता प्राप्त की। पानी के भीतर चलनेवाली नौकाओं के लिए पनडुब्बी एक अच्छा नाम है। प्रथम और द्वितीय महायुद्धों के दौरान कुछ पनडुब्बियों को 'यू-बोट' कहते थे। यह नाम पनडुब्बी के जर्मन नाम 'अन्टरसीबूत' से निकला था।

पनडुब्बी सुवाही होती है। भारी इस्पात की चादरें इसे समुद्री पानी के दबाव से बचाती हैं। इसमें टंकियां होती हैं। उन टंकियों में पानी भरने से उनमें से हवा बाहर निकल जाती है और पनडुब्बी इतनी भारी हो जाती है कि नीचे जा सके। टंकियों में पम्प के ज़रिये हवा भरने से पानी बाहर निकल जाता है और पनडुब्बी इतनी हल्की हो जाती है कि ऊपर उठ सके।

पहली पनडुब्बी नौका में डांड लगी हुई थी। अच्छी पनडुब्बियां शुरू में समुद्र की सतह के लिए पेट्रोल इंजनों और पानी के भीतर के लिए विद्युत्-मोटरों का प्रयोग करती थीं। फिर डीज़ल इंजनों का प्रयोग होने लगा। नवीनतम पनडुब्बियों में अणु-शक्ति से काम लिया जाता है।

पनडुब्बी में 'स्नॉर्केल' नामक एक नली होती है जिसके ज़रिये पनडुब्बी पानी के भीतर रहने पर बाहर से हवा

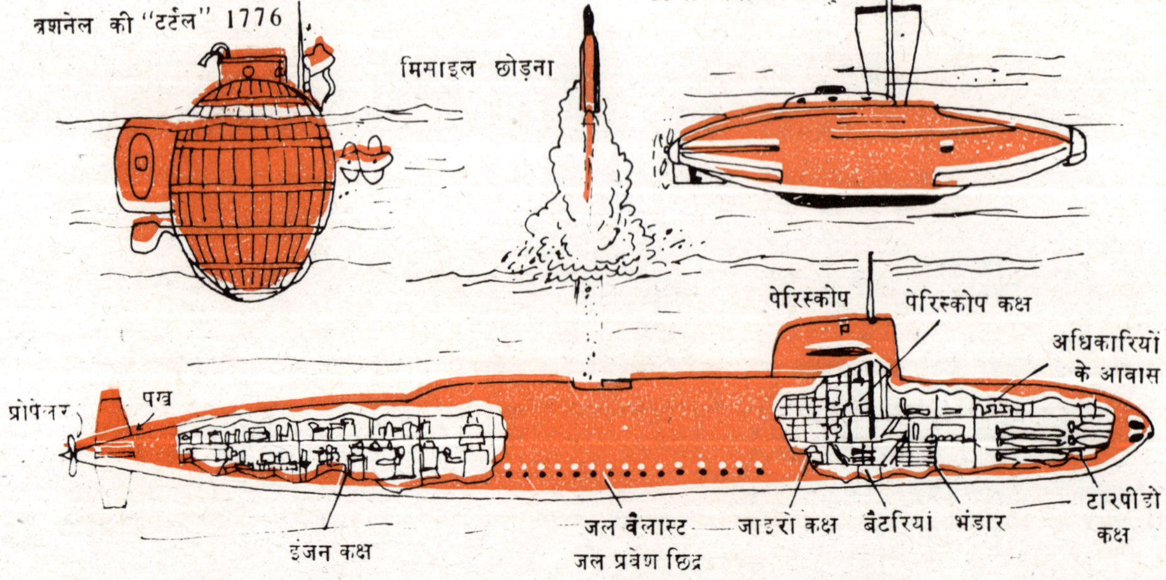

परमाणुशक्ति-चालित पनडुब्बी

परमाणुशक्ति-चालित 'नॉटिलस' ने बिना समुद्र-सतह पर आए उत्तरी ध्रुव की यात्रा की।

खींच सकती है। गोतामार प्लेनों की सहायता से पनडुब्बी पानी के भीतर सीधे न बैठकर पहले अपना अगला सिरा डुबोती है। पनडुब्बी के पानी के भीतर रहते हुए भी उसके परिद्रर्शक-यंत्र या पेरिस्कोप को समुद्र-सतह के ऊपर रखा जाता है। इसमें लगे दर्पणों और प्रिज़्मों की सहायता से समुद्रतल के भीतर से भी ऊपर की स्थिति देखी जा सकती है।

जहां तक हमें ज्ञात है, पहली पनडुब्बी के बनाने में एक अमरीकी नवयुवक डेविड बुशनेल को अमरीकी क्रांति के दिनों में सफलता मिली थी। इसका नाम 'टर्टल' था। इसमें केवल एक ही आदमी के बैठने की जगह थी। एक अंग्रेज़ी जहाज़ को डुबाने के लिए इसमें टारपीडो ले जाने का प्रयत्न किया गया था। 'टर्टल' सुरक्षित वापस आ गई, पर टारपीडो अपना काम न कर सका।

इसके कुछ ही दिनों बाद रॉबर्ट फुल्टन ने भी एक पनडुब्बी बनाई। उसने इसे नैपोलियन को दिखाया पर नैपोलियन को इसकी आवश्यकता महसूस नहीं हुई और उसने इसे नहीं खरीदा। तब फुल्टन ने इसके बनाने का तरीका ब्रिटेन की सरकार के हाथ बेच दिया। ब्रिटेन की सरकार ने इसे खरीदने के बाद इस दिशा में और कुछ नहीं किया। फुल्टन की पनडुब्बी का नाम भी 'नॉटिलस' था।

ब्रिटेन की जलसेना में पहले-पहल 1901 में पनडुब्बियां सम्मिलित की गईं। प्रथम और द्वितीय महायुद्धों के दौरान जर्मनी ने पनडुब्बियों का सफलता के साथ उपयोग करके यह सिद्ध कर दिया कि युद्धकाल में इनका बड़ा महत्त्व है। जर्मन यू-बोटों ने बहुत-से जहाज़ डुबो दिए। अब अपनी सुरक्षा की दृष्टि से सभी राष्ट्र पनडुब्बियों के निर्माण को महत्त्व देते हैं। साथ ही समुद्र के भीतर चल रही पनडुब्बियों का पता लगाने के लिए भी नए-नए तरीके निकाले जा रहे हैं। (देखें : आविष्कार)

पहिया (WHEELS) : एक ऐसी दुनिया की कल्पना करने का प्रयत्न कीजिए जिसमें पहिया न हो। ऐसी हालत में न रेलें होंगी न मोटरें, न हवाई जहाज़ होंगे न बैलगाड़ियां और न साइकिलें ही होंगी। तब पहियेवाले खिलौने, घड़ियां और कारखानों की मशीनें भी नहीं रहेंगी। निश्चय ही, पहिया हमारे आज तक के कुछ सबसे महत्त्व-

पहिये का विकास

पायनीयरों की गाड़ियों पर अमरीकी आदिवासी अक्सर हमला कर देते थे।

पूर्ण आविष्कारों में से एक है। हमें यह मालूम नहीं कि सबसे पहले पहिया किसने बनाया। सम्भवतः इसका आविष्कार मिस्र अथवा मैसोपोटामिया में हुआ। कम से कम हमें इतना तो मालूम ही है कि हज़ारों वर्ष पूर्व वहां पहियों का प्रयोग होता था।

पहिये का पूर्वज लट्ठे को माना जा सकता है। लोगों ने यह पता लगा लिया होगा कि वे बड़े-बड़े पत्थरों को एक स्थान से दूसरे स्थान पर ले जाने में लट्ठे से बेलन का काम ले सकते हैं। पहले-पहल लट्ठों के टुकड़ों को ही पहिये के रूप में काम में लाया गया होगा। वे ठोस लकड़ी के बने होंगे और भारी भी ज़रूर रहे होंगे। लकड़ी की एक डंडी या धुरी दोनों पहियों को जोड़ती होगी।

पिछले पृष्ठ के चित्र में पहियों के विकास की एक झांकी दी गई है। इसमें पहियों की आजकल काम में आनेवाली कुछ किस्में भी दिखाई गई हैं।

कोलम्बस द्वारा अमरीका की खोज के बाद जब वहां यूरोपियनो का दल पहुंचा तो उसे वहां आदिवासियों की कई अत्यन्त सभ्य जातियां मिलीं। लेकिन उन्हें पहिये का ज्ञान नहीं था। पहिया नई दुनिया (अमरीका) को पुरानी दुनिया की देन है।

'पायनीयर' (PIONEERS) : अमरीका में यूरोप से आकर बसनेवाले पहले प्रवासियों को 'पायनीयर' कहा जाता है। वे साहसी यात्री साधारणतः मामूली घरों के थे। उनके पास कठिनाइयों का सामना करने के साधन भी कम होते थे।

अमरीका में प्रथम स्थायी अंग्रेज़ी बस्ती, जेम्सटाउन के बसने के बाद कोई दो सौ वर्ष तक अंग्रेज़ केवल अटलांटिक महासागर के किनारे ही बसते रहे। बाद में वे एपलेशियन पर्वत पार करके आगे गए। ऐसे लोग व्यापारी थे। उन्हें यात्राओं का शौक भी था।

उत्तर-पश्चिम में ये यात्री बैलगाड़ियों या खच्चर-गाड़ियों में यात्रा करते थे। रेड इंडियन इन गाड़ियों पर शत्रुतावश अक्सर आक्रमण कर बैठते थे। लेकिन ये लोग

गाड़ियों के साथ सशस्त्र रक्षक रहते थे।

खेती के लिए जंगल साफ किए गए।

आरंभ में लट्ठों के घर बनाए गए।

अपनी जगहों पर डटे रहे। और इस तरह एक नए राष्ट्र ने जन्म लिया।

पार्क, मुंगो (MUNGO PARK 1771-1806) : अफ्रीका की साहसिक यात्राएं करनेवाले, मुंगो पार्क स्काटलैंड के प्रसिद्ध डाक्टर थे। उन्होंने अफ्रीका की नाइजर नदी के उद्गम-स्थल का पता लगाने के लिए यात्रा की। इस यात्रा की कथा 'अफ्रीका के भीतरी भागों की यात्रा' (ट्रेवल्स इन द इण्टीरियर ऑव अफ्रीका) नाम की उनकी एक पुस्तक में पढ़ने को मिलती है। लन्दन की अफ्रीकी एसोसियेशन के कहने पर उन्होंने अफ्रीका जाकर इस अज्ञात नदी की डेढ़ बरस से भी अधिक तक फिर यात्रा की। अस्वस्थता और यात्रा की कठिनाइयों के बावजूद, वे नदी के किनारे-किनारे तीन सौ मील अन्दर तक जाने में सफल हुए।

कई बरस बाद सन् 1805 में जब मुंगो पार्क स्काटलैंड में डाक्टरी कर रहे थे तो उन्होंने फिर नाइजर की दूसरी बार यात्रा करने की ठानी। लेकिन इस बार का प्रयत्न एक दु:खान्त घटना के कारण विफल हो गया। जिस नाव में डाक्टर और उनकी पार्टी के लोग यात्रा कर रहे थे, उस पर अफ्रीकियों ने हमला कर दिया। इस हमले से बचने का प्रयत्न करते हुए डाक्टर डूब गए। मुंगो पार्क उन बहादुर और साहसिक यात्रियों में थे जिन्होंने अफ्रीका के कई अज्ञात भागों का पता लगाने की कोशिश की।

पियरी, रॉबर्ट ई० (ROBERT E. PEARY 1856-1920) : रॉबर्ट ई० पियरी उत्तरी ध्रुव की यात्रा करनेवाला एक साहसिक यात्री था। वह जुलाई, सन् 1908 में न्यूयार्क से उत्तरी ध्रुव का पता लगाने चला। उसके जहाज़ का नाम 'रूज़वेल्ट' था।

दो महीने तक पियरी और उसके साथी उत्तरी ध्रुव की दिशा में यात्रा करते रहे। अन्त में वे एक द्वीप तक पहुंचे जहां से उत्तरी ध्रुव 450 मील दूर था। उन्होंने तय किया कि वे शीत ऋतु समुद्र के किनारे उस द्वीप पर ही बिताएंगे। उत्तरी ध्रुव क्षेत्र की 'लम्बी रात' शुरू होनेवाली थी।

बड़ी ठंड थी। शीघ्र ही उनका जहाज़ बर्फ से घिर गया। कुछ दिन बाद बर्फीले तूफानों ने जहाज़ को करीब-करीब दबा ही दिया।

फरवरी से कुछ पहले पियरी और उनके साथी जहाज़ से बाहर आ गए। वे द्वीप के किनारे-किनारे तब तक चलते रहे जब तक उसका उत्तरी बिन्दु नहीं आ गया। यहां से आर्कटिक सागर पार कर वे उत्तरी ध्रुव की ओर चले। उन्होंने अपना खाना और ईंधन स्लेज गाड़ियों पर लाद लिया। इन गाड़ियों को कुत्ते खींच रहे थे।

समुद्र जम गया था। कहीं-कहीं पानी दिखलाई पड़ता था। जब वे पानी की ऐसी किसी दरार तक पहुंच जाते तो उन्हें धैर्यपूर्वक प्रतीक्षा करनी पड़ती। कुछ ही दिन बाद उसका जम जाना निश्चित था।

दल प्रतिदिन छोटा होता जाता था, क्योंकि ज्यों ही

कुत्ते स्लेज गाड़ियों को खींचकर उत्तरी ध्रुव तक ले गए।

कोई स्लेज खाली होती तो उसका चालक उसे लेकर वापस जहाज़ की ग्रोर लौट जाता था। ग्रन्त में पियरी के साथ एक नीग्रो, चार एस्कीमो ग्रौर ग्रड़तीस कुत्ते रह गए। इनके साथ पियरी 6 ग्रप्रैल, 1909 को उत्तरी ध्रुव पर पहुंच गया। पियरी ने सूर्य की स्थिति से यह पता लगाया कि वह उत्तरी ध्रुव पर पहुंच गया है। सितम्बर में पियरी ग्रौर उसके साथी सुरक्षित रूप से ग्रमरीका वापस लौट ग्राए। (देखें : खोज-यात्री)

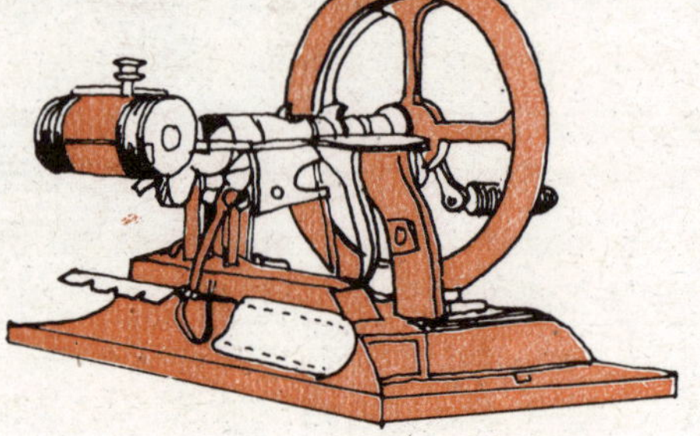

पेटेंट कराई गई एक आरंभिक सिलाई की मशीन

पेटेंट (PATENTS) : ग्रापने बहुत-सी चीज़ें खरीदी होंगी। इनमें से ग्रनेक पर ग्रापने 'पेटेंट नम्बर' लिखा देखा होगा। किसी-किसी पर लिखा होता है 'पेटेंट नम्बर के लिए ग्रावेदनपत्र दिया जा चुका है'; या 'पेटेंट नम्बर मिलनेवाला है'। पेटेंट नम्बर इस बात का प्रमाण है कि जिस ग्रादमी ने यह चीज़ बनाई है उसके ग्रधिकारों की रक्षा सरकार करेगी। सोलह बरस तक कोई ग्रन्य व्यक्ति उस चीज़ को ठीक वैसा ही बनाकर नहीं बेच सकता। वैसी ही चीज़ बनाने के लिए मूल निर्माता या ग्राविष्कारक को पैसे देने होंगे।

सैम्युग्रल क्रॉम्पटन के उदाहरण से पता चल जाएगा कि पेटेंट क्यों ज़रूरी है। क्रॉम्पटन एक जुलाहा था। काम करते-करते कई बार सैम्युग्रल को रुकना पड़ता था, क्योंकि उसका धागा बार-बार टूट जाता था। उसने सोचा ग्रगर किसी तरह ऐसा धागा बन सके जो टूटे नहीं तो कितना ग्रच्छा हो। वह मज़बूत धागा बनाने के लिए पांच बरस मेहनत करता रहा। ग्राखिर उसने ऐसी मशीन बना ली जिससे मज़बूत धागा काता जा सकता था। उसका धागा सर्वोत्तम था।

क्रॉम्पटन ग्रपनी बनाई मशीन किसीको देखने नहीं देता था, क्योंकि वह डरता था कि कहीं ग्रौर लोग मशीन की नकल न कर लें। कुछ लोग घर में घुसकर उसकी मशीन तोड़ देना चाहते थे, जिससे क्रॉम्पटन काम न कर सके। उन दिनों भी इंगलैंड में पेटेंट देने की व्यवस्था थी, लेकिन क्रॉम्पटन गरीब था। इतना धन उसके पास नहीं था कि वह पेटेंट ले सके। इसलिए उसने कुछ लोगों को अपनी जैसी मशीन बनाने की ग्रनुमति दे दी। निर्माताग्रों ने वादे के ग्रनुसार जितना तय था उतना रुपया उसे नहीं दिया। ग्रगर क्रॉम्पटन ने पेटेंट करा लिया होता तो उसे बड़ा लाभ होता।

पेनिसिलिन (PENICILLIN) : पेनिसिलिन दवा का ग्राविष्कार सन् 1928 में सर ऐलेक्ज़ेण्डर फ्लेमिंग नाम के ग्रंग्रेज़ वैज्ञानिक ने किया था। लेकिन पेनिसिलिन का उपयोग दस वर्ष बाद से शुरू हुग्रा। ग्राज रोगों के कीटाणुग्रों को मारने का यह सबसे बड़ा साधन है।

सन् 1938 से काम में ग्राने के बावजूद यह दवा बड़ी महंगी थी ग्रौर मिलती न थी। ग्राज इसकी कमी नहीं है।

पेनिसिलिन एक तरह की फफूंद से बनती है। यह फफूंद ठीक उसी तरह की होती है जो ग्रक्सर सड़ी-बासी डबलरोटी के टुकड़ों, सन्तरों या नीबुग्रों पर लग जाती है।

पेनिसिलिन की खोज के बाद वैज्ञानिकों ने ऐसी ही ग्रौर दवाइयों का ग्रन्वेषण किया ग्रौर बहुत-सी ग्रौषधियां

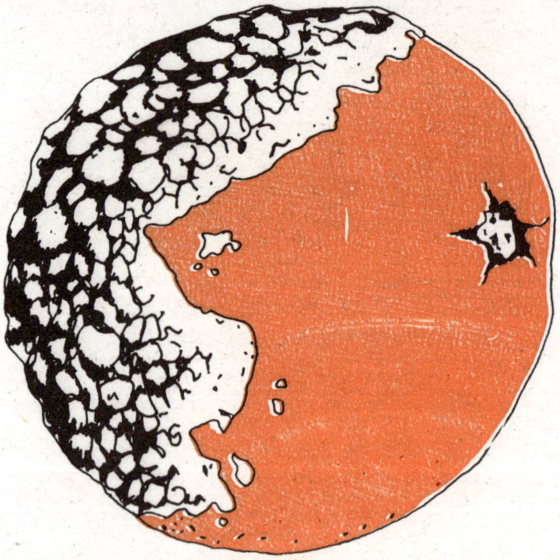

फफूंद की एक किस्म जिससे पेनिसिलिन बनाई जाती है।

खोज निकालीं। इन्हें 'एण्टीबॉयटिक्स' या प्रतिजीवाणु पदार्थ कहते हैं।

पैराशूट (PARACHUTE) : पैराशूट एक बड़ी छतरी जैसा होता है। आम तौर से यह चौड़ाई में 24 फुट के लगभग होता है। यह इतना अधिक फैल जाता है कि हवा इसमें से आसानी से नहीं निकल सकती।

पैराशूट से नीचे उतरना

पैराशूट का बंडल

पैराशूटों का बहुत अधिक प्रयोग हवाई जहाज़ों में होता है। वायुयान का चालक अपने हवाई जहाज़ को खतरे की हालत में देखकर पैराशूट के सहारे कूद सकता है, और धीरे-धीरे धरती पर उतर सकता है। युद्धकाल में सैनिक पैराशूट के सहारे ऐसे स्थानों पर उतर सकते हैं जहां स्थल या जलमार्ग से आसानी से नहीं पहुंचा जा सकता। जिन सैनिकों को पैराशूट से उतरने की ट्रेनिंग दी गई होती है, उन्हें छतरीधारी सैनिक या 'पैराट्रूपर' कहा जाता है। युद्ध या शान्ति दोनों अवस्थाओं में जो लोग कहीं फंसे रह जाते हैं, उन्हें रसद पहुंचाने में पैराशूट बहुत सहायक सिद्ध होते हैं। जंगलों में आग बुझानेवालों को भी पैराशूट द्वारा रसद पहुंचाई जा सकती है। गुब्बारों द्वारा आकाश में बहुत ऊंचाई पर पहुंचाए गए मौसम-मापक यंत्रों या दूसरे वैज्ञानिक यंत्रों को भी पैराशूट की सहायता से धरती पर उतारा जा सकता है। कभी-कभी जेट विमान धरती पर उतरने के लिए पैराशूटों का उपयोग करते हैं।

निश्चय ही, एक चालक जिस समय अपने जहाज़ में बैठा हो तो अपने चारों ओर पैराशूट फैलाकर नहीं बैठा रह सकता। पैराशूट का मुड़ा रहना ज़रूरी है। लेकिन पैराशूट को इस तरह सजाकर रखा जाता है कि यह आसानी से खुल सके। विमानचालक का पैराशूट उसकी पोशाक में ही लगा रहता है। कुछ पैराशूट अपने-आप खुल जाते हैं। लेकिन अनेक स्थितियों में चालक को अपना पैराशूट खुद खोलना होता है। जब चालक अपने विमान से कूदता है तो वह अपने को तब तक नीचे गिरने देता है जब तक उसे इस बात का निश्चय नहीं हो जाता कि अब वह विमान की लपेट से काफी नीचे आ गया है। फिर वह पैराशूट में लगी हुई एक डोरी को खोल देता है।

पैराशूट के ऊपरी सिरे पर एक छोटा सूराख बना होता है, जिससे होकर पैराशूट में भरी हुई हवा धीरे-धीरे निकलती है। इस सूराख से पैराशूट का उतरना सुस्थिर हो जाता है और उसके उलटने का खतरा कम हो जाता है।

पैराशूट नायलोन या रेशम जैसे किसी महीन व मज़बूत कपड़े से ही बनाए जा सकते हैं। (देखें : आविष्कार)

प्रसिद्ध बाग (FAMOUS GARDENS) : आज से पच्चीस सौ साल पहले बेबीलोनिया नगर अपने सुंदर बागों के लिए विख्यात था। ये बाग राजमहल की विशाल चार-

संसार के कुछ प्रसिद्ध बाग

प्लास्टिक के उपयोग

प्लेट प्याले

काँटे आदि के हैंडिल

नायलोन का पैराशूट

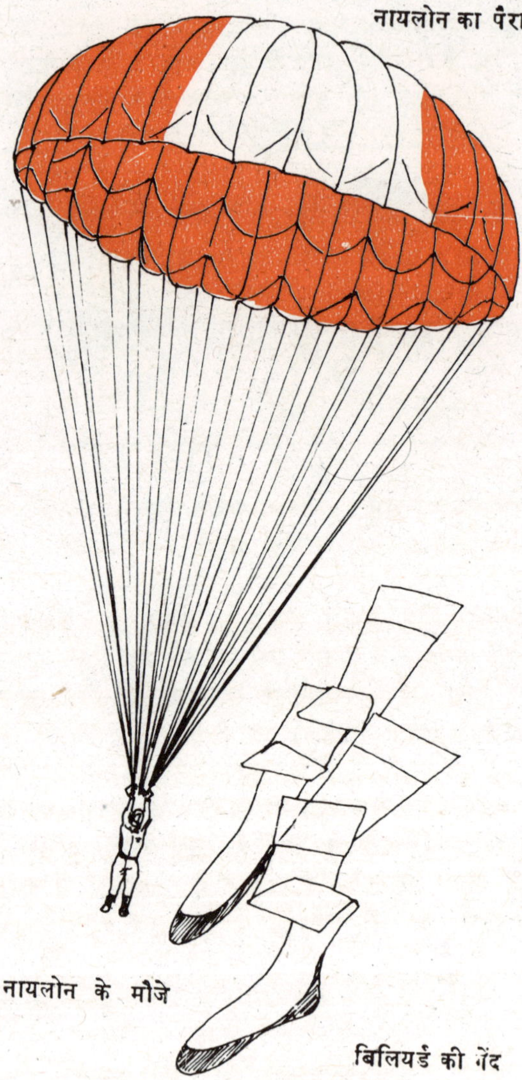

दीवारों पर उगे हुए थे। इन बागों को बेबीलोनिया के 'हैंगिंग गार्डन्स' के नाम से पुकारा जाता है। इनकी गणना प्राचीन विश्व के सात आश्चर्यों में की जाती थी।

तब से आज तक अलग-अलग समय में विभिन्न देशों में अनेक बाग विख्यात रहे हैं। वर्साई के बागों को प्रायः संसार के सुंदरतम बाग कहा जाता है। इन बागों में शानदार फौवारे लगे हुए हैं। सुंदर पेड़ों और नयनाभिराम फूलों की तो बात ही क्या है। ये बाग वर्साई के विशाल प्रासाद के चारों ओर फैले हैं। किसी ज़माने में फ्रांस के कुछ सम्राट इसी राजप्रासाद में रहते थे। वर्साई पेरिस का एक उपनगर है।

क्यू बाग लंदन के सिरे पर स्थित हैं। इन बागों में दुनिया-भर के देशों से लाकर पौधे लगाए गए हैं।

चित्र में अंकित इटली का बाग लगभग 500 वर्ष पुराना है। इस बाग का एक प्रमुख आकर्षण प्राचीन सरो के पेड़ हैं। यह बाग रोम से लगभग 20 मील दूर तिवोली नामक गांव में है।

अमरीका के दक्षिणी हिस्से में चार्ल्सटन के पास स्थित साइप्रस बाग बिलकुल निराला है। इस बाग में सरो के पेड़ों पर मॉस नामक एक लम्बी सेवार लटकी रहती है। बाग में होकर बहनेवाली नदी का पानी खनिजों की अधिकता के कारण काला है, और उसमें शीशे की तरह प्रतिबिम्ब दिखाई देता है।

भारत में कश्मीर का शालीमार बाग, मैसूर का वृन्दावन बाग, जयपुर का रामनिवास बाग, बम्बई का विक्टोरिया बाग और कलकत्ते का बोटैनिकल गार्डन विख्यात हैं। (देखें : फौवारे)

प्लास्टिक (PLASTIC) : आजकल बाज़ार में प्लास्टिक की बहुत-सी चीज़ें आने लगी हैं। तश्तरियां, छुरियों के हैण्डिल, सीट कवर, बरसातियां, बोतलें, खिलौने, बैग, गीतों के रिकार्ड आदि। लेकिन इनके अलावा भी प्लास्टिक की बहुत-सी चीज़ें बनती हैं। प्लास्टिक अपने अनेक रूपों में लकड़ी, चमड़े, कांच, वस्त्र और विभिन्न धातुओं का

नायलोन के मौजे

बिलियर्ड की गेंद

गिलास

कंघा

चश्मे का फ्रेम

पुस्तक आवरण

स्थान ले रहा है। इसके अलावा प्लास्टिक गोंद का काम भी देने लगा है। चीड़ की पतली लकड़ियां बड़ी अच्छी तरह से प्लास्टिक की गोंद से चिपकाई जा सकती हैं। प्लास्टिक चीज़ों के ऊपर कोटिंग का काम भी करता है। तांबे के तारों पर प्लास्टिक का खोल चढ़ाया जा सकता है। किताबों के कवर प्लास्टिक के हो सकते हैं।

प्लास्टिक का अर्थ है 'आसानी से मोड़ा जा सकनेवाला'। प्लास्टिक हवा, रुई, पानी, खराब हुई लकड़ी, चूने के पत्थर और कोलतार से बनता है।

सबसे पहला प्लास्टिक सेल्यूलाइड था। इसका आविष्कार सन् 1865 में एक अमरीकी वैज्ञानिक ने किया। सेल्यूलाइड, हाथीदांत, हड्डी, सख्त रबर और कांच की जगह काम आता था। फिर बैकेलाइट का आविष्कार हुआ। तब से तरह-तरह के प्लास्टिक बनने लगे।

सारे प्लास्टिक दो भागों में बांटे जा सकते हैं। कुछ को सख्त करने के लिए गरम करना पड़ता है। इन्हें 'थर्मोसेटिंग प्लास्टिक' कहते हैं। इन्हें दुबारा मोड़ा नहीं जा सकता। कुछ को गरम करके मुलायम किया जाता है और तब मोड़ा जाता है। इन्हें सख्त बनाने के लिए ठंडा किया जाता है। इनको 'थर्मोप्लास्टिक' कहा जाता है। इन्हें दुबारा भी मोड़ा जा सकता है।

प्लास्टिक इतना लोकप्रिय हुआ है, इसका कारण यह है कि यह कम खर्चीला और साफ-सुथरा होता है। जैसा कि चित्र देखकर लगेगा, प्लास्टिक तरह-तरह के रंगों में भी बनता है।

फतहपुर सीकरी (FATEHPUR SIKRI) : बादशाह अकबर के बरसों कोई सन्तान नहीं हुई। अन्त में सीकरी गांव के संत सलीमशाह चिश्ती की दुआ से उनके सलीम पैदा हुआ, जो बाद में जहांगीर के नाम से मशहूर हुआ। उसी सीकरी में अकबर ने 16 साल में 6 मील के घेरे में खूबसूरत महल खड़े कर दिए और बाग बनवा दिए।

फतहपुर सीकरी की इमारतों में महले-खास अकबर का महल था। इसमें ऊपर छत पर ख्वाबगाह या बादशाह का सोने का कमरा था। पहले इसकी समूची दीवारें ईरानी शैली की तस्वीरों से भरी थीं। लेकिन अब थोड़ी ही तस्वीरें बची हैं। महले-खास के चौक के उत्तर-पूर्वी कोने में एक बहुत ही सुन्दर इमारत है, तुर्की सुल्तान का महल। इसमें बरामदों से घिरा केवल एक ही कमरा है। पर इसके भीतर-बाहर के कटाव और अलंकरण मुगल कला में अपूर्व हैं।

पास ही हकीम हम्माम है। इसके जोड़ का हम्माम भारत में दूसरा नहीं है। महल के उत्तरी भाग में पास ही एक चौपड़ बनी हुई है, जिसपर गोटों की जगह गुलाम बांदियां बिठाकर बादशाह और बेगमें 'पच्चीसी' खेला करते थे।

फतहपुर सीकरी का बुलन्द दरवाज़ा

दीवाने-खास अपने ढंग की संसार में एक अनोखी इमारत है। हॉल के बीचोंबीच एक विशाल खंभा है जो नीचे से ऊपर तक कटाव के काम से सजा है। इसका शिखर बीसियों टोडों से बना है। खंभे के ऊपर चारों ओर से चार रेलिंगदार राहें आकर मिल गई हैं। इसी खंभे के ऊपर बादशाह का आसन लगता था। गैलरी के चारों कोनों पर चार वज़ीर बैठते थे। बाकी अमीर-उमरा नीचे होते थे।

पंचमहल एक पांच-मंज़िली इमारत है। इसके अनेक खंड जालियों और खंभों से बंटे हुए हैं। इसमें हिन्दू, जैन, मुस्लिम, तीनों कला-शैलियां मिलती हैं। मरियम की कोठी हिन्दू-शैली में बनी एक खूबसूरत दो-मंज़िली इमारत है। इसके बरामदे के एक टोडे पर 'रामावतार' का दृश्य खुदा हुआ है। यह कोठी पहले ईरानी शैली के चित्रों से भरी हुई थी।

जोधाबाई का महल भी बड़ी सुन्दर इमारत है। इसमें एक हिन्दू मंदिर भी है। इसकी ऊपर की जाली हवामहल कहलाती है। यहां हिन्दू-शैली की एक और खूबसूरत इमारत है जो बीरबल की बेटी का महल कहलाती है। सीकरी की जामा मस्जिद संसार की सुन्दर मस्जिदों में से है। कहते हैं कि यह मक्का की एक मस्जिद की नकल पर बनी थी।

पर इसमें कई चीजें हिन्दू-शैली की भी हैं। इसका बुलन्द दरवाज़ा, जिसे अकबर ने दकन जीतने के बाद बनवाया था, 176 फुट ऊंचा है। यह संसार के सबसे ऊंचे दरवाज़ों में से एक माना जाता है।

यहीं सलीमशाह चिश्ती का संगमरमर का खूबसूरत मज़ार भी है।

फोटोग्राफी (PHOTOGRAPHY) : हज़ारों वर्ष से आदमी चित्र बना रहा है। लेकिन सवा सौ वर्ष पहले तक सारे चित्र हाथ से बनाए जाते थे। इसके लिए कलम, ब्रश, पेण्ट और स्याही काम में लाई जाती थी। लेकिन फिर पता लगा कि लेन्सों द्वारा रासायनिक द्रव्यों पर प्रकाश डालकर भी चित्र उतारे जा सकते हैं। फोटोग्राफी इसीसे शुरू हुई। फोटोग्राफी का अर्थ है 'प्रकाश की सहायता से लिखना'।

कुछ रासायनिक द्रव्य जब उनपर प्रकाश पड़ता है तो बदल जाते हैं। उनपर प्रकाश का बहुत तेज़ प्रभाव पड़ता है। इन रसायनों के कारण ही फोटोग्राफी संभव हो सकी।

लेंस की खिड़की

यदि लेंस की खिड़की अधिक खुली है तो फिल्म पर प्रकाश अधिक पड़ेगा।

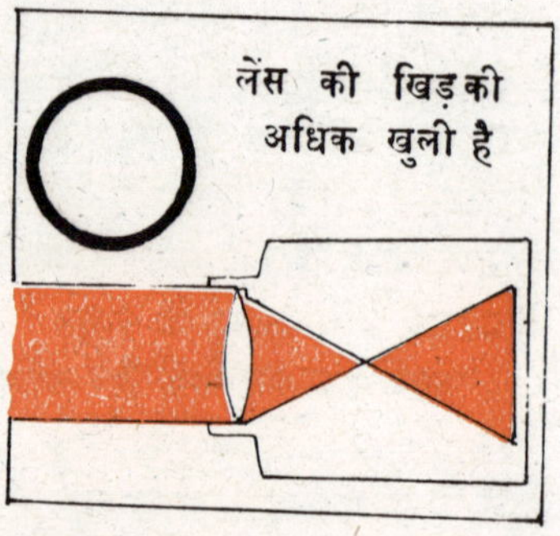

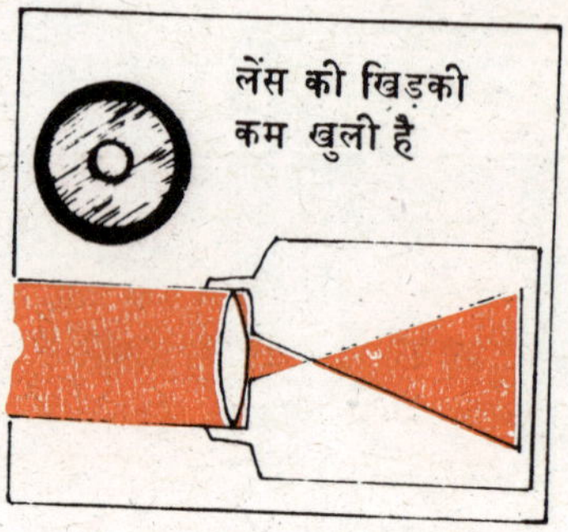

यदि लेंस की खिड़की कम खुली है तो फिल्म पर प्रकाश कम पड़ेगा

प्रकाश मापने के 'लाइट मीटर'

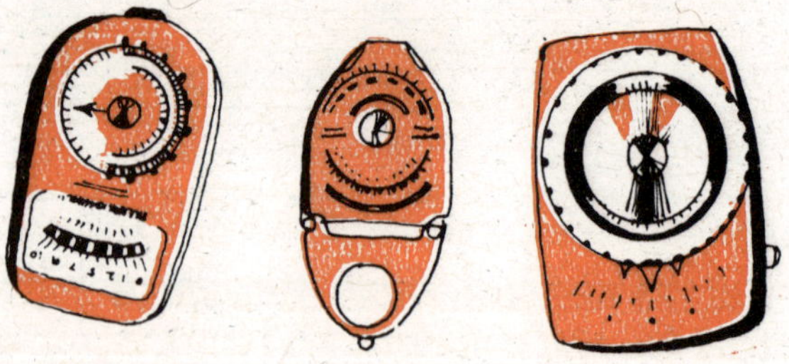

लाइट मीटर बताते हैं कि फोटो खींचने के लिए कितना प्रकाश उपलब्ध है। यह जान लेने के बाद कि प्रकाश कितना है और फिल्म कैसी है, फोटोग्राफर एक चार्ट देखकर यह तय करता है कि शटर कितनी देर तक खुला रहना चाहिए। चार्ट यह भी बताता है कि शटर की स्पीड क्या होनी चाहिए।

नेगेटिव

पॉज़िटिव

डेवलप की हुई कैमरा फिल्म नेगेटिव कहलाती है। नेगेटिव पर सफेद रंग काला और काला रंग सफेद दिखलाई पड़ता है। नेगेटिव से बना प्रिंट पॉज़िटिव कहलाता है। उसमें मूल दृश्य की तरह सफेद रंग सफेद और काला रंग काला आता है।

डार्क रूम के उपकरण

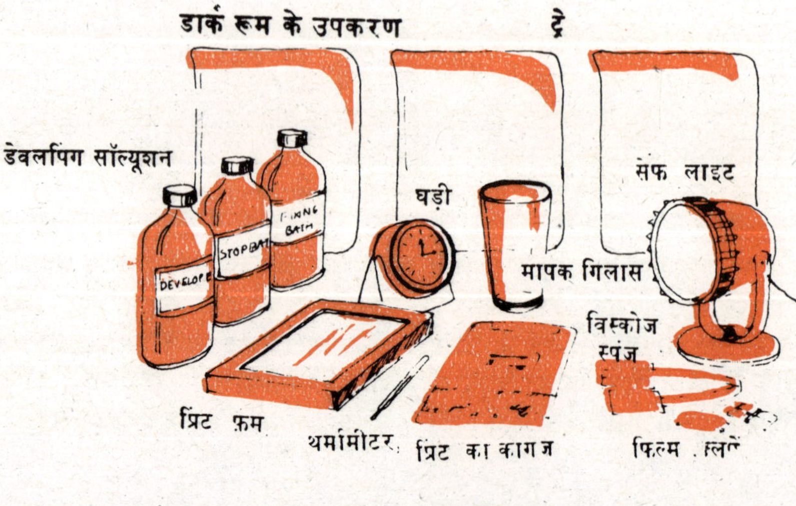

सबसे पहले लुई डागेर ने तांबे की प्लेट पर इन रसायनों का लेप कर दिया। फोटो भी तांबे की प्लेट पर ही आया। लेकिन इसकी प्रतियां नहीं बनाई जा सकती थीं।

इसके बाद ऐसे कागज़ की तलाश की गई, जिसपर रसायनों का लेप हो सकता था। इसे केलोटाइप कहते हैं। इसकी प्रतियां भी बनाई जा सकती थीं। लेकिन यह पद्धति भी लोकप्रिय नहीं हो सकी। इसके बाद फिर रसायनों के लेपयुक्. कांच की प्लेटें आईं। कुछ प्लेटें गीली और कुछ सूखी होती थीं। शीघ्र ही सूखी प्लेटों ने गीली प्लेटों की जगह ले ली। इन प्लेटों से बहुत-सी प्रतियां बनाई जा सकती थीं।

सूखी प्लेटें अब भी काम में आती हैं। लेकिन आज की अधिकांश फोटोग्राफी फिल्मों पर की जाती है। ये फिल्में ऐसे प्लास्टिक की होती हैं जो बहुत पतला और पारदर्शी होता है। एक अमरीकी ने, जिसका नाम जॉर्ज ईस्टमैन था, सन् 1884 में एक ऐसी फिल्म को पेटेण्ट कराया जिसे गोल लपेटकर रखा जा सकता था। आज की फिल्में पहली फिल्म से कहीं ज़्यादा अच्छी होती हैं।

साधारण फिल्म का सादा फोटो इस प्रकार खींचा जाता है: फिल्म को कैमरे में लगा दिया जाता है। कैमरे में लगे शटर को बहुत थोड़ी देर के लिए खोल दिया जाता है—यह अवधि संभवतः एक सेकण्ड का सौवां हिस्सा होती है। प्रकाश लेन्सों द्वारा फिल्म पर पड़ता है और लेन्सों द्वारा सामने की वस्तु या वस्तुओं की प्रतिच्छाया फिल्म पर पड़ती है। यह प्रतिच्छाया काफी छोटी होती है। अगर जितनी बड़ी चीज़ें हों उतनी ही बड़ी प्रतिच्छाया भी हो तो किसी मकान, जहाज़ आदि जैसी चीज का कोई फोटो ही न खींचा जा सके। अगर लेन्सों का फोकस ठीक न हो तो दृश्य बिगड़ सकता है।

चित्र खींचने के बाद फिल्म उतार ली जाती है। जिन स्थानों पर प्रकाश पड़ा होता है वहां से रसायन उड़

प्रचलित कैमरों की कुछ किस्में

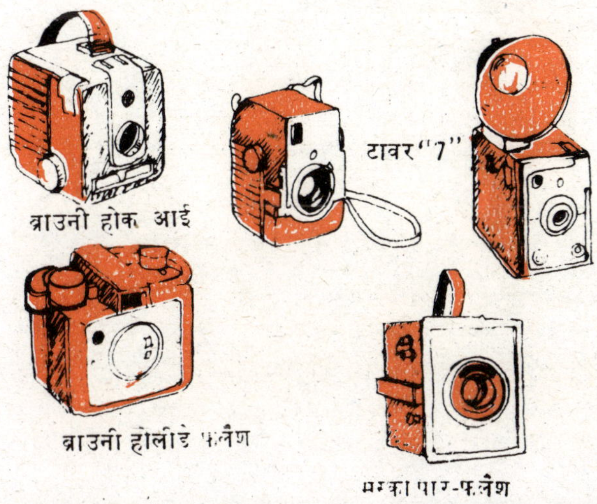

कैमरे से खींचा गया एक फोटो

जाते हैं। जहां सबसे ज़्यादा प्रकाश पड़ा होता है वहां सबसे अधिक रसायन उड़ जाते हैं। फिल्म को 'डेवलप' करने के लिए अंधेरे कमरे में ले जाते हैं। वहां फिल्म को रसायनों से धोया जाता है, जिससे जहां जितना रासायनिक लेप है वह वहीं स्थिर हो जाता है। इसे 'नेगेटिव' कहते हैं। इसके बाद नेगेटिव से प्रिंट या प्रतियां बनाई जाती हैं। ये प्रतियां फोटो होती हैं और असली दृश्य या शक्लों जैसी होती हैं। नेगेटिव से चाहे जितनी प्रतियां तैयार की जा सकती हैं।

सन् 1930 से रंगीन फोटो भी उतारे जाने लगे। रंगीन फोटो उतारने के लिए फिल्म पर कई रसायनों की तहें होती हैं। हर रसायन अलग-अलग रंगों से प्रभावित होता है।

सिनेमा फिल्मों में भी वैसी ही फिल्म काम में आती है जैसी हमारे-आपके कैमरों में। लेकिन सिनेमा फिल्म वाला कैमरा एक सेकण्ड में चौबीस चित्र उतारता है।

फोनोग्राफ (PHONOGRAPH) : 'फोनोग्राफ' शब्द दो ग्रीक शब्दों के मेल से बना है, जिनका अर्थ 'ध्वनि' और 'लेखन' होता है। फोनोग्राफ पर जो रिकार्ड बजते हैं उनपर ध्वनि 'लिखी' या यूं कहिए कि खुदी होती है। फोनोग्राफ को लोग अक्सर ग्रामोफोन भी कहते हैं। फोनोग्राफ को समझने के लिए यह जानना ज़रूरी है कि ध्वनि कंपन से पैदा होती है, और कंपन का अर्थ है तेज़ी से आगे-पीछे हिलना।

फोनोग्राफ का आविष्कार करनेवाले एडिसन थे। रिकार्ड तैयार करने के लिए उन्होंने एक छोटी नली ली और उसपर टीन की पन्नी चढ़ाई। एक पावर मोटर से वह नली लट्टू की तरह घूमने लगती थी। इसके बाद उन्होंने धातु की एक पतली चद्दर में, जिसे 'डायफ्राम' कहते हैं, एक

फोनोग्राफ की कुछ किस्में

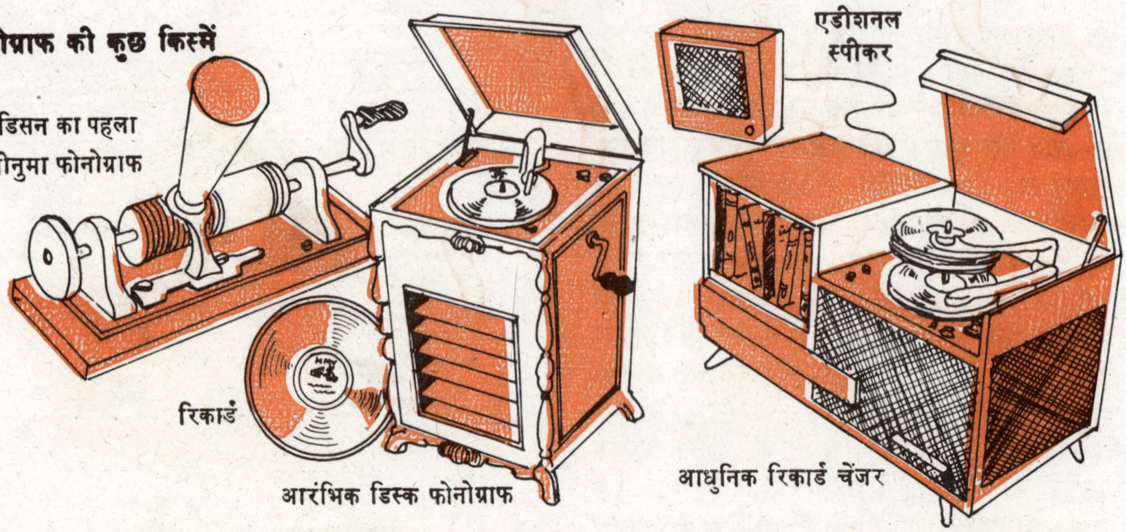

सुई जमाई। सुई का नुकीला सिरा पावर मोटर से घूमती हुई उस नली को छूता था। ध्वनि की तरंगें जब डायफ्राम से टकराती थीं तो उसमें कंपन होने लगता था। डायफ्राम के कंपन से सुई में कंपन होता था, और उससे नली पर चढ़ी टीन की पन्नी पर महीन तरंगित धारी पड़ती जाती थी। इस तरह उस नलीनुमा रिकार्ड पर ध्वनि खुद जाती थी।

रिकार्ड को जब बजाने के लिए फोनोग्राफ पर रखते थे तो रिकार्ड घूमने लगता था। तब डायफ्राम में जमी सुई का नुकीला सिरा रिकार्ड की धारी में रख दिया जाता था। धारी की तरंगें सुई में कंपन पैदा करती थीं और उससे डायफ्राम में भी कंपन होता था। इस तरह डायफ्राम उन्हीं ध्वनियों को पैदा करने लगता था जिनसे शुरू में सुई में कंपन हुआ था।

आजकल रिकार्ड बनाने या बजाने के लिए सुई को डायफ्राम में जमाते नहीं हैं। विद्युत् प्रवाह डायफ्राम के कंपनों को सुई में और सुई के कंपनों को डायफ्राम में ले जाता है। रिकार्ड भी अब नलीनुमा नहीं बल्कि सपाट बनते हैं।

फोनोग्राफ अब आम तौर पर 'रिकार्ड प्लेअर' कहलाते हैं। बहुत-से रिकार्ड प्लेअरों में रिकार्ड को तीन-चार रफ्तारों पर चलाने की व्यवस्था रहती है। रिकार्ड एक मिनट में 78 बार, 45 बार, $33\frac{1}{3}$ बार, या 16 बार घूम सकता है। रिकार्ड खरीदते समय यह भी जान लेना चाहिए कि उसे किस रफ्तार पर बजाना ठीक रहेगा।

एडिसन के समय से अब फोनोग्राफ में बहुत सुधार हो गया है। स्वचालित रिकार्ड चेंजर में रिकार्डों को हाथ से बदलना नहीं होता। वे अपने-आप बदलते रहते हैं। टेपरिकार्डर में कैसी भी आवाज़ तुरन्त रिकार्ड की जा सकती है और सुनी जा सकती है। विभिन्न प्रकार के आधुनिक फोनोग्राफों की तुलना में एडिसन का वह शुरू का फोनोग्राफ कितना विचित्र लगता है।

फौवारे (FOUNTAINS)

फौवारे (FOUNTAINS) : शताब्दियों से फौवारों के खेल देखना लोगों का प्रिय मनोरंजन रहा है। प्राचीन मिस्र और रोम के उद्यानों में भी फौवारे लगे हुए थे। आज

भी उनकी लोकप्रियता पहले जैसी ही है।

संसार के सबसे प्रसिद्ध फौवारे र्वेलरीज़ उद्यान में हैं। यह उद्यान पेरिस में है। यह उस महल का एक हिस्सा है जहां कभी फ्रांस के बादशाह रहते थे।

आर्टीज़ियन कूप एक प्रकार का प्राकृतिक फौवारा है। इस कूप में पानी ज़मीन के नीचे स्थित चट्टान की ढलवां सतह के पानी के भार के कारण बाहर निकल आता है। मनुष्य-निर्मित फौवारों में पानी टंकी में भरे हुए पानी के भार के कारण बाहर निकलता है। लेकिन अधिकतर पम्पों की मदद से पानी बाहर की ओर फेंका जाता है। (देखें : प्रसिद्ध बाग)

बकिंघम राजमहल (BUCKINGHAM PALACE) : इस महल में सन् 1837 के बाद से इंग्लैंड के शासक सम्राट या सम्राज्ञी रहते हैं। यह महल काफी पुराना है। सन् 1703 में ड्यूक ऑव बकिंघम ने इसे लन्दन के मलबेरी गार्डन्स में बनवाया था। फिर सन् 1830 में इंग्लैंड के प्रसिद्ध भवन-निर्माता नैश ने इसे नए सिरे से बनाया। इस महल का सामने का भाग विशेष रूप से बहुत शानदार है।

'बफेलो बिल' (BUFFALO BILL 1846-1917) : प्रसिद्ध अमरीकी विलियम एफ० कोडी का यह नाम इसलिए चल पड़ा कि उसने अपने जीवन-काल में हज़ारों बाइसनों का

बाइसनों का शिकार करता हुआ 'बफैलो बिल

शिकार किया। वह आयोवा में पैदा हुआ था। सन् 1883 में उसने जंगली जानवरों की एक प्रदर्शनी खोली और जगह-जगह उसके प्रदर्शन करता रहा। लोग उसके तमाशे को बहुत पसन्द करते थे। अमरीका के कोडी नगर का नाम उसीके नाम पर रखा गया है।

बाज़ पालना (HAWKING) : चित्र में दो सरदार घोड़ों पर सवार हैं। उनके पास बंदूकें नहीं हैं। मध्ययुग में बंदूकें नहीं थीं। पक्षियों के शिकार के लिए उन दिनों बंदूकों

सरदार अपने बाज़ों के साथ

की बजाय बाज़ का प्रयोग किया जाता था। उन्हें शिकार करना सिखाया जाता था। बाज़ बंदूक और शिकारी कुत्तों, दोनों का काम करते थे।

बाज़ से शिकार खेलना बड़ा प्राचीन शौक है। अकबर और जहांगीर को बहरी बाज़ (फालकन) पालने और उनसे शिकार करने का बड़ा शौक था। गुरु गोविन्दसिंह भी बाज़ पालने के शौकीन थे। अनेक कवियों ने बाज़ के बारे में कविताएं लिखी हैं।

बाज़ को शिकार करना ठीक उसी तरह सिखाना पड़ता है जैसे कुत्तों को। बाज़ स्वभावत: शिकारी होते हैं, इसलिए उन्हें सिखलाना ज्यादा आसान होता है। बाज़ को रखने के लिए काफी ऊंचा मचान बनाना पड़ता है।

बायर्ड, रिचार्ड एवलिन (RICHARD EVELYN BYRD 1888-1957) : रिचार्ड एवलिन बायर्ड आधुनिक अमरीका का सबसे मशहूर खोज-यात्री हुआ है। जब वह बच्चा था तभी इस बात के लक्षण प्रकट हो गए थे कि

बायर्ड का जहाज अंटार्कटिका की चट्टानों के ऊपर से उड़ा।

बड़ा होकर वह क्या बनेगा। 12 वर्ष की उम्र में ही उसने अकेले सारे विश्व की यात्रा की।

सन् 1925 में वह ग्रीनलेंड में एक साहसिक यात्रा पर गया। जो कुछ वहां उसने देखा उससे उसे इस बात का निश्चय हो गया कि उत्तरी ध्रुव के ऊपर हवाई जहाज़ से यात्रा की जा सकती है। दूसरे साल उसने फ्लॉयड बेनेट नाम के एक वायुयान-चालक के साथ स्पिट्सबर्ग से उड़कर उत्तरी ध्रुव पर 680 मील की उड़ान भरी। सन् 1926 में हवाई जहाज़ इतने खतरे से खाली नहीं थे, जितने कि आज हैं। परन्तु ये दोनों यात्री अपनी यात्रा पूरी करके सुरक्षित लौट आए। उत्तरी ध्रुव पर उड़ान भरनेवाले ये सबसे पहले आदमी थे।

इसके तीन साल बाद बायर्ड अंटार्कटिका के रॉस आइस शेल्फ से दक्षिणी ध्रुव पर उड़ान भरने को निकला। दक्षिणी ध्रुव पर भी उड़ान भरनेवाला वह पहला ही आदमी था। अंटार्कटिका की उसने कई यात्राएं कीं, जिनमें अन्तिम सन् 1956 की थी। इन यात्राओं में उसने 4,50,000 वर्गमील बर्फ से ढके भाग का नक्शा तैयार किया। इस भाग की कठिन जलवायु का अध्ययन करने में उसने अकेले कई महीने गुज़ारे।

दो बार तो बायर्ड की जान जाते-जाते बची। सन् 1927 में वह जिस जहाज़ से अंटार्कटिका की यात्रा कर रहा था उसमें खराबी पैदा हो गई और उसे समुद्र पर उतारना पड़ा। सन् 1934 में एक स्टोव से निकले गैस के धुएं से अंटार्कटिका में वह मरते-मरते बचा। बायर्ड के अनुभवों की कहानी के आधार पर कई पुस्तकें और फिल्में की रचना हुई है।

बार्नम, फिनिएस टेलर

(PHINEAS TAYLOR BARNUM 1810-1891) : सर्कस के खेलों का आधुनिक रूप बहुत हद तक फिनिएस टेलर बार्नम की ही बदौलत है। इनका जन्म अमरीका में हुआ था।

अपनी खुद की सर्कस कंपनी शुरू करने से पहले बार्नम छोटे-छोटे तमाशे दिखाया करते थे। ये तमाशे आज के सर्कसों के साथ दिखाए जानेवाले अन्य आकर्षणों से मिलते-जुलते थे—जैसे जादू के खेल, हैरत की चीज़ें, नकलें, अजीब चीज़ें, आदि। इनके कारण उनका बड़ा नाम हो गया था।

साठ वर्ष की अवस्था में बार्नम ने अपने सभी तमाशों को एकत्रित करके सर्कस का रूप दिया। इसका नाम उन्होंने रखा—'दुनिया का सबसे बड़ा तमाशा'।

(देखें : सर्कस)

बाल्बोआ, वास्को नुनेज़ द

(VASCO NUNEZ DE BALBOA 1475-1517) : यह एक स्पेनी जागीरदार था। कोलम्बस द्वारा अमरीका की खोज के बाद यह भी 1501 में नई दुनिया में अपनी किस्मत आज़माने के लिए चल पड़ा और आखिर डेरियन (इसे अब पनामा कहते हैं) पहुंचकर वहां का गवर्नर बन गया।

बाल्बोआ ने प्रशांत महासागर पर स्पेनी अधिकार घोषित किया।

वास्को नुनेज़ द बाल्बोआ का इस प्रदेश के आदिवासियों से बड़ा दोस्ताना व्यवहार था। आदिवासियों के कुछ सरदारों ने उसे बताया कि पश्चिम में, पहाड़ों के उस पार, एक बहुत बड़ा समुद्र है। किसी भी अन्य यूरोपीय को इस समुद्र के बारे में पता न था।

इस सागर का पता लगाने के लिए 1 सितंबर, 1513 को बाल्बोआ 190 स्पेनी और 1000 आदिवासी साथ लेकर

सर्कस का आधुनिक रूप बहुत हद तक बार्नम की ही देन है।

चल पड़ा। बड़ी मुश्किलों के बाद 25 सितंबर को एक पहाड़ से उसने इस समुद्र को पहली बार देखा। उसने इसका नाम दक्षिण सागर रखा। चार दिन बाद 29 सितंबर को घुटने-घुटने पानी में खड़े होकर अपनी तलवार उठाकर बाल्बोग्रा ने इस समुद्र पर तथा इसके सभी तटवर्ती देशों पर स्पेनी अधिकार की घोषणा की।

बाल्बोग्रा को पता न था कि जिस समुद्र में उसने पैर रखे हैं, वह असल में प्रशांत महासागर है। प्रशांत महासागर को नई दुनिया से देखनेवाला वह पहला यूरोपीय था।

मगर इस खोज का बाल्बोग्रा को कोई इनाम न मिला। चार साल बाद एक नया स्पेनी गवर्नर ग्राया ग्रौर उसने बाल्बोग्रा को मरवा दिया। (देखें : खोज-यात्री)

बूमरैंग एक विचित्र लेकिन अचूक अस्त्र है।

बूमरैंग (BOOMERANG) : चित्र में जिस ग्रादमी को ग्राप देख रहे हैं वह ग्रास्ट्रेलिया का एक ग्रादिवासी है ग्रौर वह जिस चीज़ को फेंकने जा रहा है वह 'बूमरैंग' कहलाती है। 'बूमरैंग' एक मुड़ा हुग्रा डंडा होता है जो चक्कर खाता हुग्रा हवा में जाता है ग्रौर कुछ देर बाद फेंकनेवाले के पास वापस ग्रा जाता है।

बूमरैंग फेंकना भी एक कला है। इस कला में कुशल व्यक्ति इससे तरह-तरह के कौतुक दिखाते हैं। कभी बूमरैंग ऊपर जाने से पहले कई बार ज़मीन पर गद्दा खाता है, कभी ग्रधर में चकफेरियां लगाता है, ग्रौर कभी बल खाता हुग्रा हवा में 8 की शक्ल बना जाता है।

बूमरैंग का सारा महत्त्व इसके मोड़ में है। यह इस तरह मुड़ा होता है कि हवा जब इससे टकराती है तो यह तुरंत घूम जाता है। इसे बनाने के लिए ग्राम तौर पर पेड़ के तने का वह भाग लिया जाता है जहां से कोई डाल फूटती है। कभी-कभी सीधी लकड़ी को ही पानी में ग्रच्छी तरह भिगोकर बाद में उसे मनमानी शक्ल में मोड़ लेते हैं।

बोरोबुदुर (BOROBUDUR) : इंडोनेशिया में जोगजकार्ता से कोई ३० किलोमीटर उत्तर की ग्रोर, प्राग ग्रौर एलो नदियों के संगम के पश्चिमी घाट पर, बोरोबुदुर का विशाल मन्दिर है। इसे देखने के लिए प्रतिवर्ष संसार के सभी देशों से हज़ारों सैलानी ग्राते हैं। 'बोरोबुदुर' का ग्रर्थ है, 'शैल-विहार'। यह बौद्ध धर्म की महायान शाखा का मन्दिर है, जो ग्रपनी भव्य ग्रौर सुन्दर वास्तुकला के लिए संसार-भर में प्रसिद्ध है।

ग्रनुमान है कि यह मन्दिर 850 ई० के लगभग शैलेन्द्र वंश के राज्यकाल में बना था। बोरोबुदुर में कुल नौ मंज़िलें हैं, जिनमें से नीचे की छः मंज़िलें वर्गाकार हैं ग्रौर ऊपर की तीन मंज़िलें गोल हैं। चारों दिशाग्रों में चार सुन्दर द्वार हैं जिनपर दोनों ग्रोर मकर की ग्रौर ऊपर बीच में काल की प्रतिमाएं हैं, जो कला की दृष्टि से ग्रनुपम हैं।

यात्री पूर्वी द्वार से मन्दिर में प्रवेश करते हैं। बाहरी परकोटे के बाद उन्हें चार गैलरियां मिलती हैं जिनमें एक ग्रोर दीवार है ग्रौर दूसरी ग्रोर जंगला लगा हुग्रा है। इन गैलरियों की दीवारों, छतों ग्रौर जंगलों पर बुद्ध के जीवन की झांकियां, जातक कथाग्रों के दृश्य ग्रौर पुष्पों, फूलमालाग्रों, पेड़ों ग्रादि के सुन्दर ग्रलंकरण ग्रंकित हैं। बोरोबुदुर का यह भाग 'रूपधातु' कहलाता है।

ऊपर की तीन मंज़िलों में कोई सजावट नहीं है ग्रौर उस भाग को 'ग्ररूपधातु' कहते हैं। इन मंज़िलों में घंटे की शक्ल के स्तूप तीन चक्रों में फैले हुए हैं। प्रत्येक स्तूप में बुद्ध की एक बैठी हुई प्रतिमा है। सबसे ऊपर बीचोंबीच एक बड़ा स्तूप है जिसमें ग्रक्षोभ्य बुद्ध की प्रतिमा है।

ब्रेल लिपि (BRAILLE) : ग्रंधे लोग चूंकि देख नहीं सकते, इसलिए साधारण रूप से लिखी हुई या छपी हुई चीज़ों को वे पढ़ नहीं सकते। लेकिन ग्रंधों के लिए लिखने की कई पद्धतियां निकाली गई हैं। इनमें सबसे ग्रधिक प्रचलित है, ब्रेल पद्धति।

ब्रेल का नाम लुई ब्रेल नामक फ्रांसीसी सज्जन के नाम पर रखा गया है, जो स्वयं भी ग्रंधे थे।

ब्रेल लिपि में प्रत्येक ग्रक्षर पृष्ठ पर उभरी हुई बिंदियों

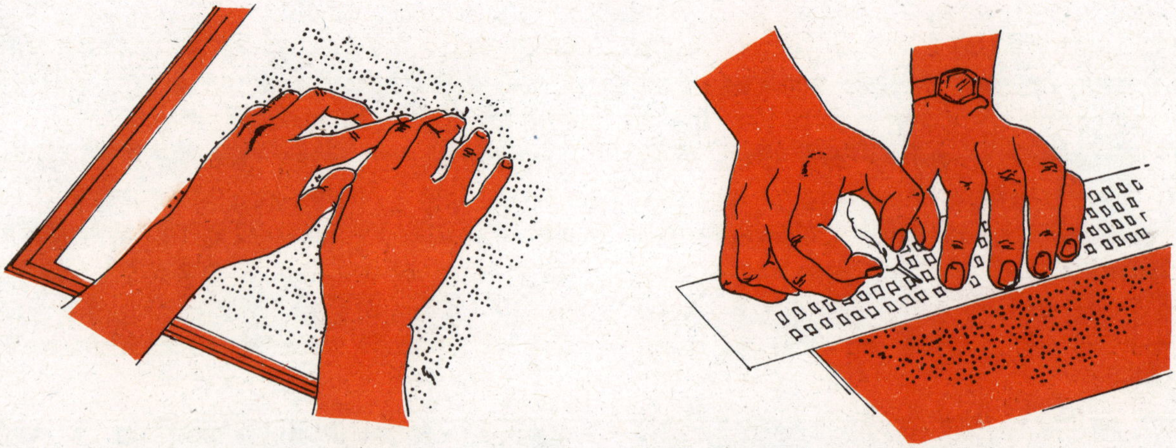

ब्रेल अक्षर बिंदियों के रूप में काटे जाते हैं, जिन्हें अंधे उंगलियों की सहायता से पढ़ते हैं।

के रूप में होता है। ग्रंधा व्यक्ति इन बिंदियों की पंक्तिग्रों पर ग्रपनी उंगलियां फेरता है ग्रौर पढ़ता है। पढ़ते समय उसे बिंदियों की संख्या पर ग्रौर इस बात पर ध्यान देना होता है कि बिंदियां किस क्रम में बनी हैं। बहुत-से ग्रक्षर तीन बिंदियों से बनते हैं। लेकिन इन बिंदियों को प्रत्येक ग्रक्षर के लिए ग्रलग ढंग से बैठाया जाता है।

ग्रब ब्रेल लिपि में पुस्तकें, समाचारपत्र ग्रौर पत्र-पत्रिकाएं भी प्रकाशित होती हैं। ग्रब ग्रंधे व्यक्तियों को देश-दुनिया के बारे में जानने के लिए ग्रांख वालों की सहायता का मोहताज नहीं होना पड़ता है।

मशीनें (MACHINES) : हमारे चारों ग्रोर मशीनों का जाल-सा बिछा हुग्रा है। खेतों-खलिहानों में, सड़कों पर, कारखानों में ग्रौर हमारे घरों में हज़ारों-लाखों मशीनें काम कर रही हैं।

कुछ मशीनें बहुत शक्तिशाली हुग्रा करती हैं। हम घोड़े से तुलना करके यह ग्रनुमान लगाते हैं कि कोई मशीन कितनी ताकतवर है। जो मशीन एक घोड़े का दस-गुना काम कर सकती है, उसे 10 घोड़ों की ताकतवाली या 10 ग्रश्वशक्ति की मशीन कहा जाएगा।

मशीन ग्रपने-ग्राप काम नहीं कर सकती। इसके लिए

मशीनें

शक्ति की आवश्यकता होती है। कुछ मशीनों को चलाने के लिए आदमी की शक्ति काम करती है। जब कोई लड़का साइकिल के पैंडल चलाता है तब ऐसा करके वह साइकिल को शक्ति प्रदान करता है। कुछ मशीनें गर्मी से चलती हैं। भाप इंजन, पेट्रोल इंजन, डीज़ल इंजन, जेट इंजन और राकेट इंजन, इन सबमें किसी न किसी तरह का ईंधन जलाकर शक्ति पैदा की जाती है। कुछ मशीनों को बिजली, जल या हवा की शक्ति से चलाया जाता है।

मशीनों के कारण मनुष्य का कामं बहुत आसान हो गया है। पुराने ज़माने में जिन चीज़ों का इस्तेमाल सिर्फ धनी-मानी लोग ही कर सकते थे आज वे मशीनों के कारण इतनी सस्ती हो गई हैं कि उनका लाभ हर आदमी उठा सकता है।

लेकिन मशीनों के कारण कुछ नई समस्याएं भी उत्पन्न हो गई हैं। कारखानों के बनने से शहरों की संख्या बढ़ गई है। कभी-कभी कारखानों के आसपास काफी गन्दी बस्तियों के क्षेत्र तैयार हो जाते हैं। मशीनों के कारण बेकारी की समस्या भी खड़ी होती है। लेकिन साथ ही यह भी मानना होगा कि इनके कारण बहुत-से लोगों को नौकरियां भी मिलती हैं।

कुछ मशीनें खतरनाक भी हुआ करती हैं। मशीनों के कारण अनेक दुर्घटनाएं होती रहती हैं और अनेक लोगों की जानें चली जाती हैं। लेकिन इन सब बातों के होते हुए भी कोई नहीं चाहेगा कि वह मशीनों को छोड़कर पुरानी दुनिया में लौटे। (देखें : मशीनें, सादी)

मशीनें, सादी (SIMPLE MACHINES) : जब एक गुहा-वासी मानव अपनी गुहा का दरवाज़ा बन्द करने के लिए एक छोटे-से लट्ठे से किसी चट्टान को लुढ़काता था तब वह मशीन का ही सहारा लेता था, हालांकि वह इस बात को जानता नहीं था। वह जिस मशीन का प्रयोग कर रहा था उसे हम लीवर कहते हैं। इसी तरह जब वह लकडी के लट्ठे को चीरने के लिए नुकीले पत्थर का प्रयोग करता था तब भी वह एक मशीन का ही प्रयोग करता था। यह मशीन पच्चर (Wedge) कही जाती है।

लीवर और पच्चर के अलावा चार और सादी मशीनें हैं। ये हैं, तिरछा किया हुआ पटरा, पेंच या स्क्रू, पहिया और धुरी, तथा गरारी।

यहां हम इन छः सादी मशीनों के चित्र देख रहे हैं। हम यह भी देख रहे हैं कि ये कैसे काम करती हैं। दांतवाले पहिये (गियर) में धुरी के साथ जो पहिया लगा होता है उसमें दांत बने होते हैं। हमारे रोज़मर्रा के औज़ार भी एक प्रकार की मशीनें हैं।

हर प्रकार की मशीन के द्वारा हम अपनी शक्ति को सुचारु रूप से प्रयोग में लाकर अपना काम आसान कर लेते हैं। नीचे के चित्र में एक आदमी तिरछे पटरे के सहारे एक पीपे को ऊपर चढ़ा रहा है। अगर वह इस काम को हाथ से करता तो उसे अधिक ताकत लगानी पड़ती। लेकिन इसमें उसका अधिक समय लगता है, क्योंकि ज़मीन से ऊपरी तल की जितनी दूरी है उससे पटरे की लम्बाई अधिक है। उस आदमी की ताकत और कम खर्च होती अगर वह इससे भी लम्बा पटरा लगाता। लेकिन वैसी दशा में उसका समय कुछ और अधिक लगता।

लट्ठे से पत्थर उठानेवाला आदमी टेक के आगे थोड़ा-सा लट्ठा लगाकर और अपनी ओर उसका अधिक बड़ा हिस्सा करके पत्थर को आसानी से लुढ़का रहा है। अगर वह लट्ठे को टेक के और आगे करता तो पत्थर और अधिक लुढ़कता। लेकिन तब उसे अधिक ताकत लगानी पड़ती। वह अधिक समय लगाकर अपनी ताकत को बचा रहा है।

कुछ मशीनों में हम एक ओर किसी चीज़ को खींच-कर दूसरी ओर उन्हें उठाते हैं। जो आदमी गरारी की सहायता से एक ओर की रस्सी को खींचकर दूसरी ओर बोझ को ऊपर उठा रहा है, वह भी काम की गति की कीमत पर अपनी शक्ति बचा रहा है। बोझ को एक फुट ऊपर उठाने के लिए उसे चार फुट रस्सी खींचनी पड़ रही है। लेकिन अगर बोझ 100 किलो का है तो उसे 25 किलो के वज़न के लिए ही ताकत लगानी पड़ रही है।

सादी मशीनों के बारे में जान लेने पर हम जटिल या पेचीदा मशीनों के बारे में भी आसानी से जान सकते हैं। (देखें : मशीनें)

सादी मशीनें

माइक्रोफिल्म पुस्तकालय बहुत कम जगह घेरते हैं।

माइक्रोफिल्म (MICROFILM) : आज हम लिखकर और छापकर लाखों पृष्ठ भरते हैं। जितनी आवश्यक बातें लिखी गई हैं उन सबका संग्रह एक बड़ी समस्या है। इसलिए अब हमने अधिक को थोड़े में संगृहीत करने की एक विधि ढूंढ निकाली है। यह है माइक्रोफिल्म का प्रयोग। माइक्रोफिल्म का अर्थ है, 'छोटी फिल्म'।

इस फिल्म की रील पर चित्र लिए जाते हैं। 500 पृष्ठ की एक बड़ी पुस्तक का प्रत्येक पृष्ठ एक छोटी रील पर चित्रित किया जा सकता है जो डोर की एक रील से बड़ी नहीं होती। ये चित्र नन्हे-नन्हे होते हैं और नंगी आंखों से पढ़े नहीं जा सकते। ये एक विशेष प्रकार के प्रोजेक्टर की सहायता से ही पढ़े जाते हैं।

माइक्रोफिल्म से जगह की बहुत बचत होती है। पुस्तकों और पत्र-पत्रिकाओं की अपेक्षा उनका एक स्थान से दूसरे स्थान पर भेजना भी सरल है। शीघ्र ही माइक्रोफिल्में प्रत्येक पुस्तकालय का एक आवश्यक अंग बनकर रहेंगी। बैंकों और सरकारी कार्यालयों में रिकार्ड रखने के लिए भी माइक्रोफिल्मों का प्रयोग किया जाता है।

मार्को पोलो (MARCO POLO 1254–1324) : आज से सात सौ वर्ष पूर्व वेनिस यूरोप का एक प्रमुख व्यापारिक केन्द्र था। यहां के व्यापारी सामान खरीदने और बेचने के लिए दूर-दूर देशों की यात्राएं करते थे।

सन् 1260 में यहां के दो व्यापारियों ने एशिया में बहुत दूर तक की यात्राएं कीं। वे दोनों भाई थे। एक का नाम निकोलो और दूसरे का मैफियो पोलो था। चीन के सम्राट कुबलाई खां के दरबार में जब वे पहुंचे तो वहां उनका अच्छा स्वागत-सत्कार हुआ। कई वर्ष बाद जब पोलो-बन्धु वेनिस को लौटने लगे तब कुबलाई खां ने उन्हें फिर लौटकर आने का निमंत्रण दिया।

दो साल बाद पोलो-बन्धु फिर चीन के लिए चल पड़े। इस बार निकोलो का पुत्र मार्को पोलो भी उनके साथ था। इसके बाद के 23 वर्षों में मार्को पोलो ने जितनी साहसपूर्ण यात्राएं कीं वैसी इसके पहले किसीने नहीं की थीं। जल्द ही मार्को पोलो का सम्मान राज-दरबार में बहुत बढ़ गया। उसने खां के महान साम्राज्य के लगभग हर स्थान की यात्रा की। तीन साल तक तो उसने खां के साम्राज्य के एक नगर पर शासन भी किया।

उन दिनों चीन यूरोप से कई बातों में बहुत आगे बढ़ा हुआ था। चीनियों को यह पता था कि कागज़ कैसे बनाया जाता है। वे लकड़ी के ठप्पों से छपाई का काम भी करना जानते थे। कभी-कभी वे आग तैयार करने के लिए एक काली चट्टान को भी जलाते थे, जिसे आज कोयला कहा जाता है। उन्हें एक ऐसे आश्चर्यजनक पदार्थ का भी पता था जिसे आग नहीं पकड़ सकती। यह पदार्थ था ऐस्बेस्टस।

कुबलाई खां मार्को पोलो को इतना अधिक चाहने लगा कि उसे छोड़ने का उसका जी ही नहीं होता था। लेकिन कई वर्ष बाद उसके लौटने का उपयुक्त समय आ गया। चीन की एक राजकुमारी का फारस के राजा से विवाह होनेवाला था। किसी अच्छे नेता के साथ कुछ लोगों को उसके साथ जाना था। मार्को पोलो को इस दल का नेता चुना गया।

अगर मार्को पोलो को वेनिस और जेनोआ के बीच हुए एक युद्ध में बन्दी नहीं बना लिया गया होता तो हमें आज उसकी यात्रा के बारे में भी कुछ पता नहीं चलता। जेल में ही मार्को पोलो ने अपनी साहसपूर्ण यात्राओं की कुछ बातें एक दूसरे कैदी को सुनाईं। इस कैदी ने उन्हें लिख डाला।

कुछ ही दिनों बाद मार्को पोलो को जेल से छुटकारा मिल गया। अनेक लोगों ने उसकी पुस्तक को पढ़ा। लेकिन कोई उन बातों पर विश्वास करने को तैयार नहीं होता था—यहां तक कि मार्को पोलो के कुछ मित्रों ने भी यह समझ लिया कि उसने कहानियां गढ़ ली हैं। कहा जाता है कि जब वह मर रहा था तब उसके दोस्तों ने उससे यह स्वीकार करवाना चाहा कि ये कहानियां गढी हुई

मार्को पोलो ने चीन के बारे में बड़ी विचित्र बातें बताईं।

हैं। उत्तर में मार्को पोलो ने कहा, "मैंने जो कुछ देखा उसका आधा भी नहीं बताया है।" आज हम जानते हैं कि मार्को पोलो जिन स्थानों में गया उनके बारे में उसने जो कुछ लिखा है उसका हर अक्षर सत्य है।

(देखें : खोज-यात्री)

मुद्रण (PRINTING) : मुद्रण या छपाई का काम किस दिन शुरू हुआ, यह ठीक-ठीक कोई नहीं कह सकता। जब बेबीलोनिया में किसीने गोल मोहर का प्रयोग किया था

बेबीलोनियावासी गोल मोहर का प्रयोग करते हुए

तो वह भी मुद्रण ही कर रहा था। चीन में सन् 848 में वांग चिह ने अपनी पुस्तक मुद्रित की थी। शायद यह सबसे प्राचीन पुस्तक थी। पहले पुस्तक का हर पृष्ठ लकड़ी के चौकोर टुकड़े पर खुदवा लिया गया। इसके बाद उसे स्याही में डुबो-डुबोकर कागज़ पर दबाया गया। और फिर सब मुद्रित कागज़ों को चिपकाकर एक पुस्तक बना ली गई। यह तरीका यूरोप में भी फैल गया। लकड़ी के टुकड़ों पर लिखावट हाथ जैसी होती थी। पैराग्राफ का पहला अक्षर बहुधा रंगीन होता था।

प्राचीन रोम में भी बच्चों के लिए अक्षरों के ब्लॉक या लकड़ी के टुकड़े होते थे। लेकिन इसके बहुत दिन बाद शब्दों और वाक्यों को अक्षर-अक्षर जोड़कर मुद्रित करने का ढंग सामने आया।

कहा जाता है कि इस प्रकार के मुद्रण का तरीका भी पहले चीनियों ने ही सोचा। लगभग नौ सौ वर्ष पूर्व उन्होंने अक्षरों के मिट्टी के टाइप बनाकर छपाई का काम किया था। लेकिन यह विचार कि अलग-अलग अक्षरों के टाइप जोड़कर मुद्रण किया जाए, चीन से यूरोप नहीं पहुंचा।

टाइपों द्वारा मुद्रण यूरोप में कोई पांच सौ वर्ष पहले शुरू हुआ। कहा जाता है कि जर्मनी के मेंज नगर में रहने-वाले गूतेनबर्ग ने छपाई का आरम्भ किया। इस बात का ठीक-ठीक पता नहीं। लेकिन उसने चलित टाइपों का प्रयोग अवश्य किया। गूतेनबर्ग ने जो टाइप ढाले थे, वे काफी अच्छे थे।

टाइपों को केसों में रखा जाता है। एक केस में बहुत-से खाने होते हैं। हर खाने में अलग-अलग अक्षरों के टाइप होते हैं। पहले हर टाइप को मूल प्रति के अनुसार जोड़ना पड़ता है। यह कंपोजिंग करना कहलाता है। जब इस प्रकार एक पृष्ठ बन जाता है, तब उसपर स्याही लगाकर छापा जाता है।

शुरू में प्रिंटिंग प्रेस हाथ से चलाए जाते थे। टाइप पर स्याही लगाकर पानी से नम कागज़ को दबाया जाता था तो अक्षर उस कागज़ पर छप जाते थे। इस तरह छापकर टाइपों को साफ करके फिर से केस में अलग-अलग खानों में पहले ही की तरह रख दिया जाता था।

तीन सौ वर्ष तक मुद्रण में विशेष परिवर्तन नहीं हुआ। बहुत जगह छापने की दूकानें खुल गईं। लकड़ी की जगह लोहे का प्रयोग होने लगा।

जब भाप से चलनेवाले इंजनों का आविष्कार हुआ तो ऐसे प्रेस खुल गए जिनमें भाप की शक्ति से चलने-वाले इंजन के मुद्रण यंत्र थे। ये प्रेस पहले से बहुत सुधरे हुए थे। इनसे छपाई बड़ी तेज़ी के साथ होने लगी।

तेज़ी के साथ छापने के लिए मशीनें तो आ गईं, किन्तु अभी शीघ्रता से कम्पोज करने की कोई व्यवस्था नहीं थी। कई लोगों की असफलता के बाद एक अमरीकी ओटमर मरजेण्टलर ने लाइनोटाइप मशीन का आविष्कार किया। यह मशीन एक बार में ही पूरी लाइन ढाल देती थी। एक अन्य अमरीकी टोलबर्ट लैन्सटन ने मोनोटाइप मशीन का आविष्कार किया। यह मशीन हर अक्षर

को ढालती थी और फिर पूरी लाइन बाहर निकाल देती थी।

कास्टिंग मशीन एक मिनट में सौ अक्षर तक ढाल सकती है। इससे पूरा पैरा एक मिनट से भी कम समय में तैयार हो सकता है। टाइप जिस धातु का ढाला जाता है वह सीसा है। यह जल्दी ही गरम होकर पिघल जाता है और जल्दी ही ठंडा भी हो जाता है। अगर एक ही पृष्ठ की बहुत सारी प्रतियां बनानी होती हैं तो गिलट और तांबे की मिली-जुली धातु की प्लेट बना ली जाती है। यह प्लेट बड़ी पतली होती है। इसके पीछे मज़बूत प्लेट लगा दी जाती है। फिर इससे जितनी चाहें उतनी प्रतियां छापी जा सकती हैं।

लेटर प्रेस मुद्रण

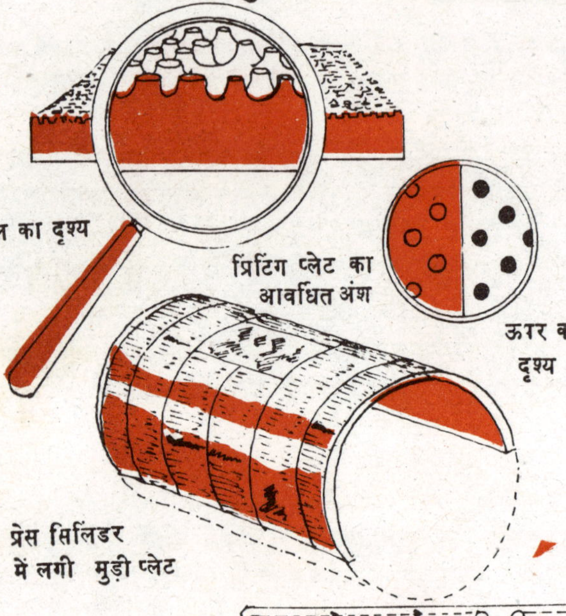

लीथोग्राफी या ऑफसेट प्रिंटिंग मुद्रण की अति-आधुनिक विधि है। ऑफसेट मुद्रण के लिए बिलकुल भिन्न प्रकार की प्लेट काम में लाई जाती है। वह प्लेट उस कागज़ को कभी नहीं छूती जिसपर छपाई होनी होती है।

इसमें सबसे पहले लाइनोटाइप से जो कुछ छापना होता है उसकी कम्पोज़िंग की जाती है। चित्रकार चित्र बनाता है। फिर सारे मैटर को एक बार स्याही लगाकर उसपर कागज़ दबाया जाता है। यह छपी प्रति प्रूफ कहलाती है। इसे पढ़कर अगर कहीं गलतियां होती हैं तो वे दूर की जाती हैं। इसके बाद शुद्ध प्रूफ के फोटोग्राफ तैयार किए जाते हैं। ये फोटोग्राफ धातु की पतली चादर पर उतार लिए जाते हैं। रसायनों से टाइप के अक्षर और चित्र साफ-साफ उतर आते हैं।

इस तरह से मुद्रण यों संभव होता है कि तेल और

परफेक्टिंग प्रेस का रेखाचित्र

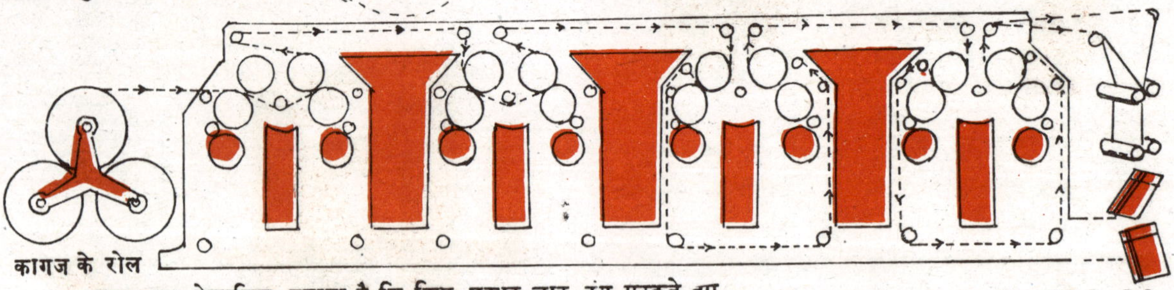

ऊपर का रेखाचित्र बताता है कि किस प्रकार चार रंग सरकते हुए कागज की पहले एक तरफ छपते हैं और फिर दूसरी तरफ छपते हैं।

पानी एक-दूसरे में घुलते नहीं हैं। स्याही में, चाहे वह किसी भी रंग की हो, तेल होता है। जो हिस्सा छपने के लिए होता है स्याही उसपर लग जाती है। शेष जगह पर स्याही इसलिए नहीं लगती कि बाकी प्लेट गीली होती है।

जिस समय छपाई की मशीन चल रही होती है तो प्लेट का हर भाग क्रम से एक रबर के रोलर से दबता जाता है। रोलर पर स्याही होती है और जब कागज़ गोल रोलर से दबता है तो वह छप जाता है।

फोटो का ब्लॉक बिन्दुओं की सहायता से बनता है। समाचारपत्र या पुस्तक के किसी चित्र को सूक्ष्मदर्शी शीशे से देखें तो ये बिंदु साफ दिखलाई देंगे। रंगीन चित्रों में कई रंगों के बिन्दु दिखलाई देंगे।

छपाई की और भी कई विधियां हैं। पिछले पांच सौ साल में बहुत आविष्कार हुए हैं। (देखें : आविष्कार)

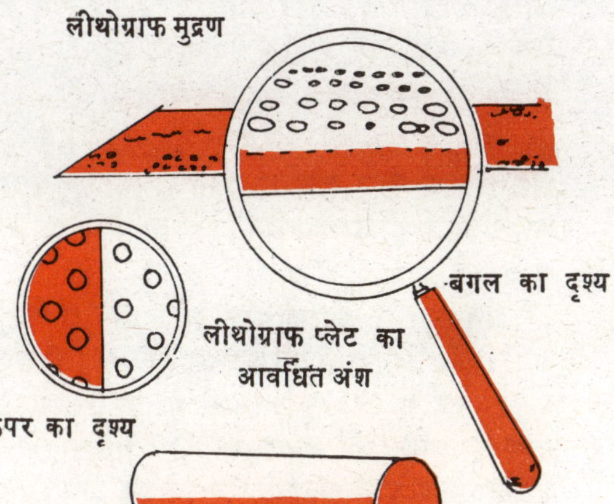

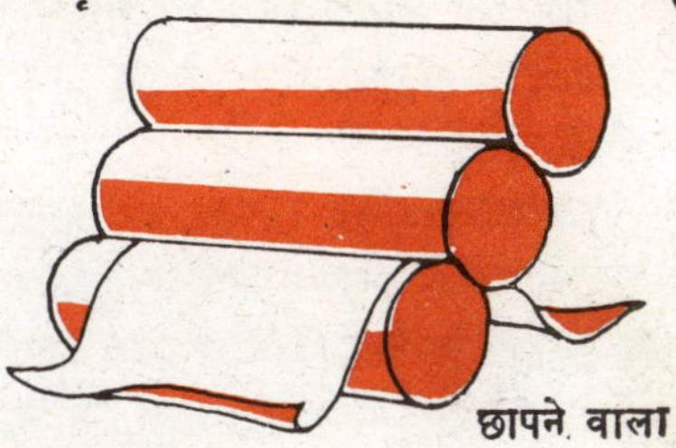

मैगेलान, फर्डिनेंड (FERDINAND MAGELLAN 1480–1521)

: सन् 1519 में फर्डिनेंड मैगेलान स्पेन से पांच जहाज़ों का एक बेड़ा लेकर निकला। वह पश्चिम की ओर से पूर्वी द्वीपसमूह पहुंचना चाहता था। मैगेलान के पहले कोलम्बस ने भी ऐसा सोचा था, परन्तु उसके रास्ते में अमरीका आ गया। मैगेलान अपना जहाज़ दक्षिण की ओर ले जाकर और दक्षिणी अमरीका का चक्कर काट-कर वहां पहुंचना चाहता था।

यात्रा का प्रारंभ अच्छा नहीं रहा। 60 दिन तक तो लगातार बरसात ही होती रही। मैगेलान के जहाज़ पहले अफ्रीका के तट से होकर दक्षिण की ओर चले। फिर अट-

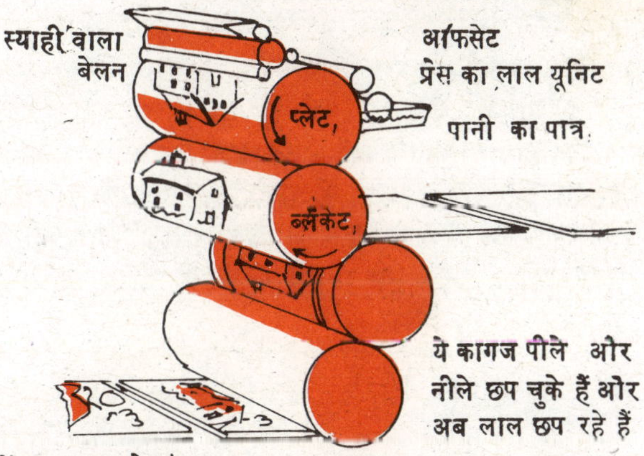

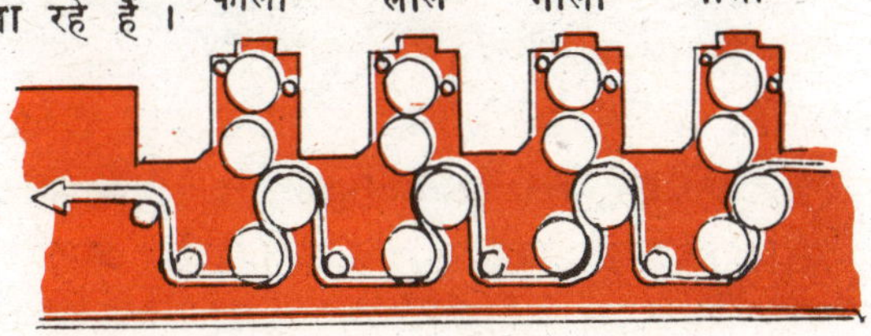

चार रंगवाला ऑफसेट प्रेस कागज़ों को एक तरफ पूरी तरह छापकर निकालता है। दूसरी तरफ छापने के लिए उन्हें फिर प्रेस में रखना होता है।

चार रंग छापनेवाला आफसेट प्रेस

लांटिक महासागर पार करके उन्हें दक्षिणी अमरीका का किनारा पकड़कर दक्षिण की ओर बढ़ना पड़ा। इस यात्रा में उसका एक जहाज़ भटक गया।

बाद में एक और जहाज़ को, तूफान के कारण, उस जलसंधि से पीछे लौटना पड़ा जो आज मैगेलान जलसंधि कहलाती है। बाकी तीन जहाज़ प्रशान्त महासागर में आगे बढ़े।

मैगेलान के जहाज़ पाल और डांड़ से चलनेवाले पोत थे। इनके लिए हवा की ज़रूरत थी। कई दिन तक प्रशान्त महासागर में इन्हें हवा मिली ही नहीं। खाना कम पड़ गया। पानी भी बहुत कम रह गया। काफी मुसीबतें उठाने के बाद ये जहाज़ फिलीपाइन द्वीपसमूह में पहुंचे। वहां के आदिवासियों से लड़ते हुए मैगेलान को अपनी जान से हाथ धोना पड़ा। अब दो जहाज़ ही रह गए, जिनमें से एक आगे चलकर बेकार हो गया।

पांच जहाज़ों में से आखिरी ने, जिसका नाम 'विक्टोरिया' था, पूर्वी द्वीपसमूह पहुंचकर वहां से लौंग लादी और वह 2 साल 253 दिन बाद वापस स्पेन पहुंचा। इस यात्रा पर 270 आदमी निकले थे जिनमें से सिर्फ 18 बाकी बचे। पूरी दुनिया की यात्रा करनेवाला यह पहला जहाज़ था।

मैगेलान पुर्तगाली था। जब वह लड़का ही था तो लिस्बन के शाही दरबार में नौकरी करने लगा था। वहीं पर उसने वास्को द गामा और कोलम्बस की यात्राओं की चर्चा सुनी। उसके मन में भी इस तरह की यात्रा करने का शौक उत्पन्न हुआ।

पहले तो उसने पूर्व की ओर से पूर्वी द्वीपसमूह की यात्रा की। फिर उसने वापस आकर पश्चिम की ओर से पूर्वी द्वीपसमूह की यात्रा करने की योजना प्रस्तुत की। परन्तु यह जानने के पहले ही कि यह काम पूरा हो गया उसकी मौत हो गई। (देखें : खोज-यात्री)

कून्यो गाड़ी 1769

बेंज़ की पेट्रोलचालित गाड़ी

डुरिया 1893

मर्सीडीज बेंज 1958

मोटरगाड़ी (AUTOMOBILES) : मोटरगाड़ी का आविष्कार कोई ज़्यादा पुराना नहीं है। चालीस-पचास बरस पहले इस 'बेघोड़े की टमटम' का सड़क पर निकलना अच्छा-खासा तमाशा बन जाता था। अपने देश में तो आज भी कई इलाके ऐसे हैं कि जहां के रहनेवालों ने इस तरह की कोई चीज़ नहीं देखी। 1960 में जब लाहोल घाटी में एक जीप पहली बार पहुंची, तो वहां के निवासियों ने उसकी विधिवत् पूजा की।

लेकिन 'बेघोड़े की टमटम' बनाने का विचार काफी पुराना है। रेलगाड़ी की ईजाद के साथ ही मनुष्य ने सड़कों पर भाप के बल से चलनेवाली गाड़ियां बनाने की कोशिशें शुरू कर दी थीं और कामयाबी भी हासिल कर ली थी। ज़ाहिर है कि ये गाड़ियां खूब भारी-भरकम होती थीं और काफी धीरे-धीरे चलती थीं। साथ ही वे बड़ी जल्दी उलट भी जाया करती थीं। 1769 में निकोलस कून्यो नामक फ्रांसीसी की बनाई गाड़ी सिर्फ 4-5 किलोमीटर फी घंटे की चाल से चली और फिर भी एक मोड़ पर उलट गई। 1831 तक इंग्लैंड में सड़कों पर बाकायदा भापगाड़ियां चलने लगी थीं। इनमें 18 यात्री तक बैठते थे और इनकी चाल औसतन 8 किलोमीटर फी घंटे होती थी। लेकिन पेट्रोलियम की खोज और तेल-चालित इंजन की ईजाद के बाद मनुष्य पेट्रोल-चालित गाड़ियां बनाने की भी सोचने लगा। जर्मनी में इस काम में कई लोगों ने रुचि ली। 1876 में निकोलस ओटो ने जो इंजन बनाया, वह बहुत-कुछ आधुनिक इंजन की तरह ही काम करता था। 1885 में गोट्लीब डेमलर नामक जर्मन ने इस इंजन को अपनी साइकिल पर लगाया और उसे इंजन के ज़ोर से ही चलाया। उसी साल कार्ल बेंज़ नामक जर्मन ने पेट्रोल इंजन के ज़ोर से चलनेवाली एक तीन पहिये की गाड़ी बनाई। 1912 तक तो कितने ही लोग मोटरगाड़ियां बनाने और बेचने लगे।

मोटरकार बनाने के बाद निर्माताओं ने उसमें सुधार करने शुरू किए। असल में सुधार का काम आज तक चलता चला आ रहा है और इससे मोटरगाड़ियों के रूप, कार्यक्षमता, सुविधा—सभी में आमूल परिवर्तन आ गया है।

मोटरगाड़ी चलती है अपने इंजन के ज़ोर पर। इंजन में पेट्रोल या डीज़ल से ईंधन का काम लिया जाता है। ईंधन टंकी (Fuel Tank) से एक ईंधन पंप (Fuel Pump) द्वारा पेट्रोल या डीज़ल मोटरकार के इंजन के कार्ब्यूरेटर (Carburettor) में भेजा जाता है, जहां वह छनी हुई वायु के साथ मिलता है और गैस (वाष्प) के रूप में आ जाता है। एक भाग पेट्रोल कोई दो हज़ार भाग हवा के साथ मिलता है। इसके बाद यह मिश्रण इंजन के सिलिंडरों में जाता है। सिलिंडरों का ऊपरी सिरा बन्द होता है। ईंधन तथा वायु का मिश्रण सिलिंडर में वाल्व (Valves) के ज़रिये प्रवेश करता है। वाल्व सिलिंडर के ऊपरी हिस्से में ही होता है। इससे होकर मिश्रण सिलिंडर में आ तो सकता है, पर बाहर नहीं जा सकता।

हर सिलिंडर के निचले भाग में एक-एक पिस्टन (Piston) होता है, जो उसमें ऊपर-नीचे आ-जा सकता है। पिस्टन ऊपर की तरफ आकर इस मिश्रण को दबाता है। बिलकुल ठीक दाब पैदा होते ही सिलिंडर के ऊपरी सिरे पर लगे चिनगारी प्लग (Sparking Plug) से बिजली की चिनगारी पैदा होती है, जिसके कारण मिश्रण में ज़ोर का विस्फोट होता है। इस विस्फोट से पैदा हुई शक्ति पिस्टन को बड़े ज़ोरों के साथ नीचे की ओर धकेल देती है। हर पिस्टन का निचला सिरा मोटरगाड़ी की धुरी या क्रैंकशैफ्ट से जुड़ा रहता है। एक-एक करके पिस्टन इसी तरह नीचे आते हैं और उनकी सम्मिलित गति से क्रैंकशैफ्ट घूमने लगती है।

इंजन के विस्फोट से पैदा हुए इस घुमाऊ बल को ट्रांसमिशन द्वारा पहियों को भेज दिया जाता है। ट्रांसमिशन में कई गियर (Gears) होते हैं। 'निम्न' या 'पहला' गियर सबसे शक्तिशाली होता है और इससे गाड़ी को चाल दी जाती है; 'दूसरे' गियर से रफ्तार पकड़ी जाती है; और 'तीसरे' या 'उच्च' गियर से गाड़ी का नियमित चालन किया जाता है। गियर बदलने का डंडा या लीवर (Lever) या तो चालन चक्र के नीचे ही लगा होता है, या ड्राइवर के पैरों के पास लगे पुर्ज़ों में ही इसके लिए भी जगह बना दी जाती है। अब ऐसी गाड़ियां भी बन गई हैं कि जिनमें गियर अपने-आप बदल जाते हैं।

ट्रांसमिशन से एक लम्बी धुरी द्वारा यह घुमाऊ बल 'डिफरेंशल' (Differential) को जाता है। डिफरेंशल से एक और धुरी दोनों पिछले पहियों को जाती है और उन्हें मोटरगाड़ी को चलाने की शक्ति देती है। वास्तव में अधिकांश मोटरगाड़ियां इन दो पहियों के घूमने के कारण ही चल पाती हैं। अगले पहिये गाड़ी के स्टीयरिंग ह्वील (Steering Wheel) से जुड़े होते हैं और वे गाड़ी को मोड़ने तथा रास्ते पर रखने का काम करते हैं। लेकिन जीप जैसी मोटरगाड़ियों में आवश्यक होने पर चारों ही पहियों

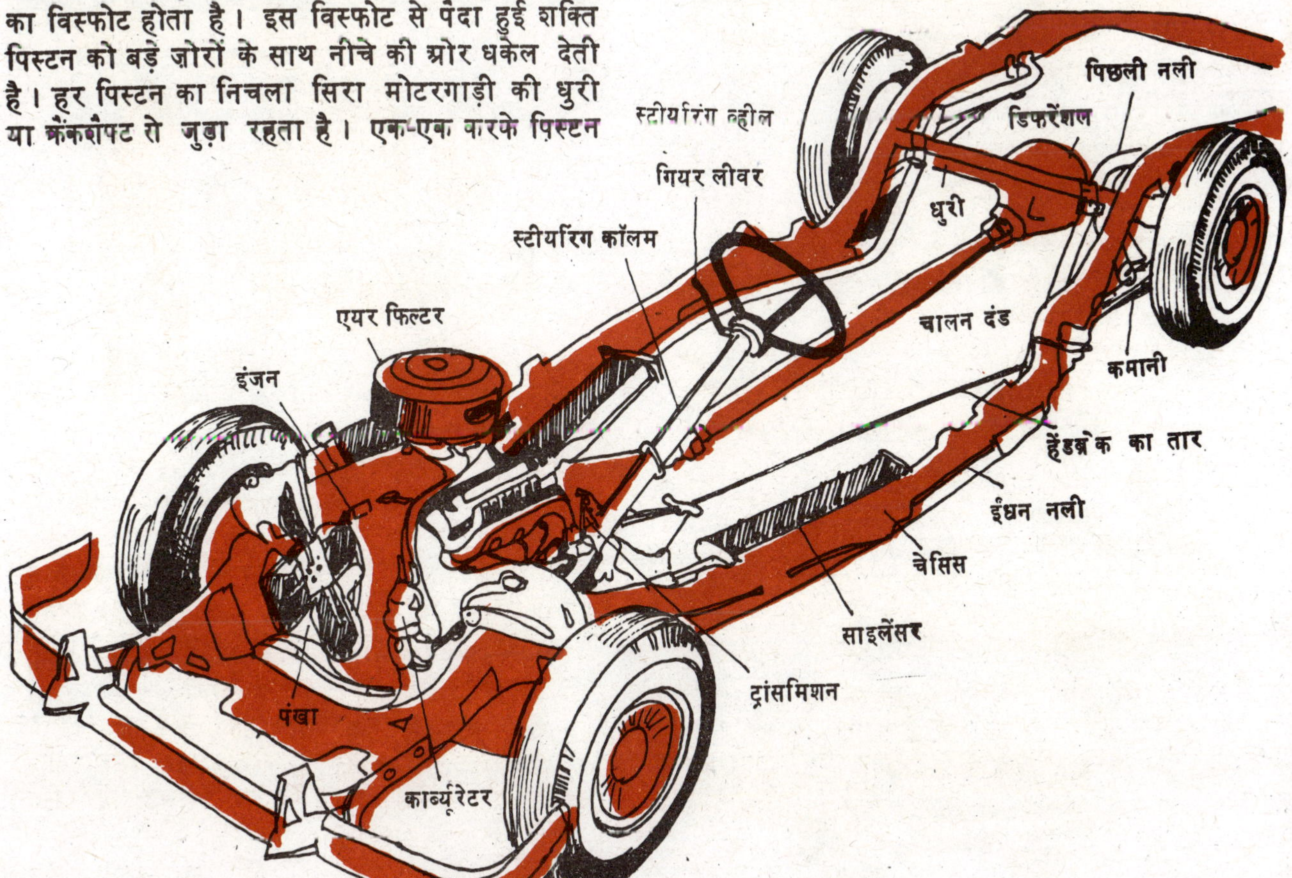

पहली फोर्ड 1876

हेनेस-एपर्सन 1901

फोर्ड मॉडल टी 1910

शेवर्लेट
1915

ला साल 1927

फिएट 1957

प्लाईमथ 1957

फोर्ड 1957

लिंकन
1962

को घुमाऊ बल दिया जा सकता है और चढ़ाई और दल-दली ज़मीन से निकलने के लिए गाड़ी को अतिरिक्त बल प्रदान किया जा सकता है।

गाड़ी के इंजन में होनेवाले विस्फोटों से बहुत गर्मी पैदा होती है। इंजन को ठंडा करने के लिए उसके चारों ओर पानी भेजा जाता है। मोटरगाड़ी के इंजन के सामने जो पंखा लगा रहता है, वह इस पानी को ठंडा करने के लिए ही होता है।

बुनियादी तौर पर सभी मोटरगाड़ियों का चलना इसी तरह होता है—इंजन में ईंधन के विस्फोटों से पैदा हुई शक्ति को घुमाऊ बल में बदल दिया जाता है और उसे मोटरगाड़ी के पहियों को भेज दिया जाता है।

मोटर-उद्योग ने कुछ ही वर्षों में बड़ा महत्त्वपूर्ण स्थान प्राप्त कर लिया है। भारत में भी मोटर-उद्योग का काफी विकास हुआ है और यहां अब कई तरह की मोटरकारें, बसें, ट्रकें और लारियां बन रही हैं।

रॉकफेलर केंद्र (ROCKEFELLER CENTRE) : न्यूयार्क नगर के बीचोंबीच एक और नगर बसा हुआ है जो रॉक-फेलर केंद्र के नाम से प्रसिद्ध है। यह केंद्र लगभग साढ़े

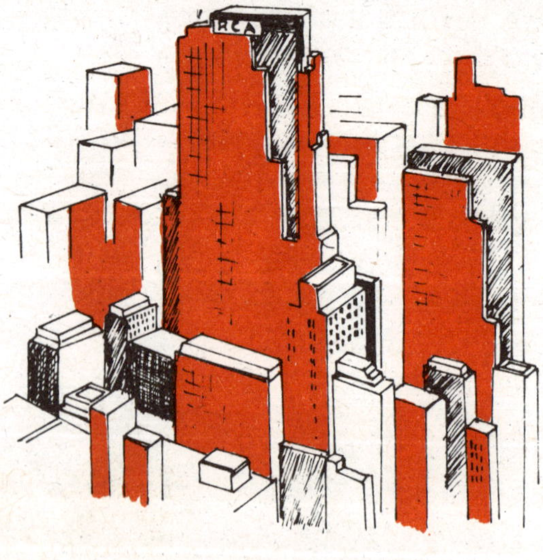

न्यूयार्क नगर में रॉकफेलर केंद्र

बारह एकड़ ज़मीन में है और इसमें पन्द्रह इमारतें हैं। पहली इमारत सन् 1931 में जॉन डी० रॉकफेलर जूनियर ने बनवाई थी। बाकी समय-समय पर बनी हैं। केंद्र में लगभग 34,000 आदमी काम करते हैं।

सबसे ऊंची इमारत में सत्तर मंज़िलें हैं। इसकी छत ज़मीन से 850 फुट ऊंची है और इसपर से न्यूयार्क के बड़े सुन्दर दृश्य दिखाई देते हैं। केंद्र में स्थित रेडियो सिटी

म्यूज़िक हॉल संसार का सबसे बड़ा थियेटर हॉल है। केंद्र में अनेक सुन्दर बाग और रेस्त्रां हैं। प्लाज़ा में प्रसिद्ध रंगीन फौवारा प्रोमेथ्यूज़ है। ये इमारतें यद्यपि मूलतः उपयोगिता के विचार से बनवाई गई हैं, फिर भी सुन्दरता का ध्यान बराबर रखा गया है।

राष्ट्रीय उद्यान (NATIONAL PARKS) : कुछ स्थान इतने सुन्दर और ऐतिहासिक दृष्टि से इतने महत्त्वपूर्ण होते हैं कि देश की सरकार उनकी विशेष रूप से रक्षा और देखभाल करती है। उनपर इतना ध्यान इसलिए दिया जाता है कि देश के लोग और अगली पीढ़ियां भी उनका आनन्द उठा सकें।

अमरीका में ये सब राष्ट्रीय उद्यान व्यवस्था के अन्तर्गत आते हैं। वहां की राष्ट्रीय उद्यान सेवा इनके प्रबन्ध के लिए ज़िम्मेदार है। इस समय अमरीका में 29 राष्ट्रीय उद्यान हैं। इनमें सबसे पुराना और बड़ा येलो स्टोन पार्क है, जिसे 1872 में राष्ट्रीय उद्यान का रूप दिया गया था।

इन उद्यानों की देखभाल के लिए अनेक प्रकार के व्यक्ति नियुक्त हैं। जंगली जानवरों के विशेषज्ञ हैं, जो उनके लिए उद्यानों में रहने और घूमने-फिरने की बिलकुल प्राकृतिक परिस्थितियां प्रस्तुत करते हैं। कीड़ों और पौधों के विशेषज्ञ हैं, जो पेड़-पौधों और फूलों को कीड़ों और रोगों से बचाते हैं। विभिन्न प्रदेशों की चट्टानों के विशेषज्ञ हैं। और फिर उद्यानपाल तो हैं ही, जो इस बात का ध्यान रखते हैं कि सैलानी कहीं उद्यानों के नियमों को तो नहीं तोड़ रहे हैं।

राष्ट्रीय उद्यान खेल और मनोरंजन के अनुपम स्थान हैं। कितने ही उद्यानों में तम्बू लगाकर रहने, यानी कैम्पिग की सुविधाएं हैं। सैलानियों के लिए उनमें लॉज होते हैं, जहां वे कमरा किराये पर लेकर रह सकते हैं। इन उद्यानों में लम्बी पदयात्रा, नौका-विहार, जंगल की सैर और पहाड़ों पर चढ़ने आदि के अवसर मिलते हैं। दुर्लभ पेड़-पौधों, विलक्षण जीव-जन्तुओं और प्रकृति के रमणीक दृश्यों के दर्शन होते हैं।

परन्तु राष्ट्रीय उद्यान केवल सैर-सपाटे और दिल-बहलाव के ही स्थान नहीं हैं। वे विश्व के सबसे बड़े विद्यालय भी माने जाते हैं। हर उद्यान में विशेषज्ञ-गाइड होते हैं जो वहां की हर चीज़ को समझाते हैं। उनमें संग्रहालय भी होते हैं, जिनसे दर्शक वहां का पूरा इतिहास जान सकता है।

हर साल लाखों आदमी इन राष्ट्रीय उद्यानों में जाते हैं और इनका आनन्द व लाभ उठाते हैं। चित्र में अमरीकी राष्ट्रीय उद्यानों की एक झांकी दिखाई गई है।

रेडार (RADAR) : किसी ध्वनि की प्रतिध्वनि तो हम सबने सुनी है। जब ध्वनि-लहरियां किसी दीवार, चट्टान या किसी ऐसी ही ठोस चीज़ से टकराती हैं तो फिर वापस लौट पड़ती हैं। रेडार में रेडियो-तरंगें इसी तरह वापस लौटती हैं। जब वे वापस लौटकर वहीं आ जाती हैं जहां से चली थीं, तो एक पर्दे से आकर टकराती हैं जो टेलीविज़न के पर्दे जैसा होता है। जिस चीज़ से रेडियो-तरंगें टकराती हैं वह पर्दे पर एक हलकी छाया की तरह दिखलाई पड़ती है। अगर उससे टकराकर अनेक तरंगें लौटती हैं तो छाया अधिक साफ दिखाई देती है।

रेडार की रेडियो-तरंगें प्रकाश की गति से जाती-आती हैं। यह गति एक लाख छियासी हज़ार मील प्रति सेकण्ड होती है। सभी रेडियो-तरंगों की यही गति होती है। सेकण्ड से भी कम समय में रेडियो-तरंगें जाती हैं और किसी चीज़ से टकराकर वापस लौट आती हैं। इस क्रिया के बीच के समय की माप करके ही रेडार के पर्दे पर दिखलाई पड़नेवाली चीज़ की दूरी बताई जा सकती है।

रेडार-केन्द्र पर एक ट्रांसमीटर होता है, जो रेडियो-तरंगों को भेजता है। इसके साथ ही एक रिसीविंग सेट पर्दे सहित होता है। एक विशेष प्रकार का 'एरियल' भी होता है। इस एरियल से रेडियो-तरंगों को, सब दिशाओं में बिखरने से बचाकर, एक ही दिशा में ठीक उसी तरह भेजा जाता है जैसे सर्चलाइट की तेज़ रोशनी।

आरम्भिक दिनों में रेडार को अंग्रेज़ी में 'रेडियो डिटेक्शन एण्ड रेंजिग' कहा जाता था। इन्हीं शब्दों के पांच शुरू के अक्षरों के आधार पर इसका नाम 'रेडार' पड़ गया।

दूसरे विश्वयुद्ध के दौरान रेडार के कारण इंग्लैण्ड की रक्षा हुई। जर्मन बमवर्षक इंग्लैण्ड के शहरों पर बमवर्षा करके उन्हें बड़ी हानि पहुंचा रहे थे। लेकिन रेडार के उपयोग से यह पता लग जाता था कि शत्रु के हवाई

हवाई अड्डे का रेडार

जहाज़ किधर से और कितनी सख्या में आ रहे हैं। विमान-वेधी तोपें और लड़ाकू जहाज़ उड़कर शत्रु का सामना करने जाते थे।

अन्य क्षेत्रों में भी रेडार से बड़ी मदद मिली। युद्ध में जिस तरह रेडार से शत्रु के आनेवाले बमवर्षकों का पता लग जाता है, उसी तरह बमवर्षक के चालक को बम गिराने के स्थान का ज्ञान हो जाता है। अगर कोई शहर या समुद्री जहाज़ धुएं और कुहासे में छिपा हो तो भी उसकी स्थिति का रेडार से पता लग जाता है। जो बड़े-बड़े समुद्री जहाज़ धुएं के बादलों में छिप जाते हैं, उनका भी रेडार से पता लग जाता है और फिर उनपर गोलाबारी की जा सकती है। समुद्रतट पर रक्षा के लिए लगाई गई तोपों के तोपचियों को भी शत्रु के आने की पूर्व-सूचना मिल जाती है। इस तरह वे रक्षा की कार्यवाहियां सतर्कता के साथ कर सकते हैं।

लेकिन रेडार केवल युद्ध के समय ही काम आता हो, सो बात नहीं है। शान्तिकाल में भी रेडार का बड़ा उपयोग है। ऋतु-विशेषज्ञ इस यंत्र का उपयोग करते हैं। वर्षा की बूंदें रेडियो-तरंगों को प्रभावित करती हैं। रेडार से तूफानों की गतिविधि पर नज़र रखी जा सकती है। हवाई जहाज़ों के चालकों को रेडार तूफानों से बचने में सहायता देते हैं। हवाई अड्डों पर भी रेडार बड़े उपयोगी हैं। बादल हों, धुंध हो और कुछ दिखलाई न पड़ रहा हो, ऐसे समय में रेडार यंत्र हवाई जहाज़ों को उतरने में बड़ी सहायता देते हैं।

रेडार की रेडियो-तरंगें चन्द्रमा तक की यात्रा करके वापस आ चुकी हैं। यह दूरी कोई पांच लाख मील है। शायद सुदूर भविष्य में रेडार के सहारे हम शुक्र ग्रह को उसके घने बादलों के आवरण के पार देख सकें, और मंगल ग्रह-सम्बन्धी रहस्य भी सुलझा सकें।

रेडियम (RADIUM): यही एकमात्र ऐसा पदार्थ या मूल-तत्त्व है जो सहज ही रेडियो-धर्मी या रेडियो-सक्रिय होता है। रेडियो-धर्मी द्रव्य अपने-आप बिलकुल बदलकर दूसरे द्रव्यों का रूप ले लेते हैं। ऐसा करने में उनसे तीव्र किरणें फूटती हैं। ये किरणें ऐसी बहुत-सी चीज़ों के पार चली जाती हैं जिनके पार साधारणतः प्रकाश नहीं जा पाता। जैसे, रेडियम की किरणें हमारे शरीर के आर-पार चली जाती हैं। इनका उपयोग कैंसर के इलाज में किया जाता है।

पेण्ट में रेडियम का उपयोग किया जाता है। रेडियम के बहुत हलके उपयोग से ही पेण्ट में यह गुण आ जाता है कि वह अंधेरे में भी चमकने लगता है। इस पेण्ट को घड़ी की सुइयों पर लगा देने से वे रात के अंधेरे में भी दिखलाई पड़ती हैं।

रेडियम का लापरवाही से किया गया उपयोग आदमी को जलाकर बुरी तरह जख्मी बना सकता है। इसीलिए रेडियम को सीसे के ऐसे डिब्बों में रखा जाता है जिनकी चादर काफी मोटी होती है।

विशुद्ध रेडियम सफेद होता है। वह बड़ा भारी और सोने से हज़ारों गुना मूल्यवान होता है। लेकिन शुद्ध रेडियम संसार में बहुत कम है। दुनिया में अब तक कुछ ही किलोग्राम रेडियम उत्पन्न किया जा सका है।

रेडियम को फ्रांसीसी वैज्ञानिकों—पियरे और मदाम क्यूरी—ने लगभग पचास वर्ष पहले खोजा था। इन दोनों वैज्ञानिकों की इस खोज की कहानी विज्ञान का एक बड़ा रोचक अध्याय है।

रेडियो (RADIO): रेडियो से हम विभिन्न प्रकार के कार्यक्रम सुनते हैं। रेडियो की नॉब (घुंडी) घुमाते ही हमारे सेट में बिजली आ जाती है। दूसरी 'नॉब' से सुई घुमाकर, हम मनचाहे स्टेशन को लगाकर जिस कार्यक्रम को

रेडियो से जहाज़ों का नियंत्रण

सुनना चाहें सुन सकते हैं। हो सकता है कि संगीत का कोई ऐसा कार्यक्रम हम सुन रहे हों जो समुद्र पार के किसी देश से आ रहा हो, या किसी फुटबॉल मैच की कमेण्ट्री सुन रहे हों जो कुछ ही किलोमीटर दूर हो रहा हो। लेकिन हमें संगीत इतना साफ सुनाई देता है जैसे हम उसी संगीत हॉल में बैठे हों। इसी तरह फील्ड में गोल होते ही हमें पता लग जाता है कि उसे किस टीम ने किया है।

लेकिन कार्यक्रमों को सुनने के अलावा भी रेडियो हमारे बहुत काम आता है। समुद्र में जहाज़ रेडियो द्वारा

यह पता लगा लेते हैं कि वे कहां हैं, और ज़रूरत पड़ने पर सहायता भी मांग सकते हैं। हवाई जहाज़ के चालक रेडियो द्वारा कण्ट्रोल टॉवर में बैठे आदमी से बात कर लेते हैं। दुर्गम प्रदेशों में यात्रा करनेवाले यात्री रेडियो के माध्यम से अपना सम्पर्क बनाए रहते हैं। पुलिस की मोटरें शहर-भर में घूमती रहती हैं और इनका सम्पर्क रेडियो द्वारा कण्ट्रोल रूम से बना रहता है। समुद्र पार टेलीफोन रेडियो द्वारा ही भेजे जाते हैं।

कुछ लोग समझते हैं कि आवाज़ ट्रान्समीटर से चलकर रिसीविंग सेट तक पहुंचती है। यह बात नहीं है। वास्तव में

यह यात्रा तो केवल रेडियो-तरंगें करती हैं। जो आवाज़ रेडियो से हम सुनते हैं वह तो रेडियो में ही आकर बनती है। ट्रान्समीटर पर आवाज़ की तरंगें रेडियो-तरंगें पैदा करने में सहायक होती हैं। ये रेडियो-तरंगें वायुमण्डल में चारों ओर फैल जाती हैं। रिसीविंग सेट पर इन रेडियो-तरंगों को ठीक उन्हीं ध्वनियों में परिवर्तित कर लिया जाता है जो भेजी गई हैं।

रेडियो के आविष्कार का श्रेय किसी एक आदमी को नहीं दिया जा सकता। आज के रेडियो को यह रूप देने में बहुत-से वैज्ञानिकों का योग रहा है। इनमें जर्मन वैज्ञानिक हाइनरिख हर्त्ज़, इटालियन वैज्ञानिक मारकोनी और अमरीकी वैज्ञानिक ली डी फॉरेस्ट का नाम उल्लेखनीय है।

हर्त्ज़ ने पता लगाया कि बिजली की चिनगारी से ऐसी तरंगें निकलती हैं जिनके द्वारा ऐसी ही चिनगारी कुछ दूरी पर दोबारा पैदा की जा सकती है। मारकोनी ने बिजली की चिनगारियों और उनसे निकलनेवाली इन तरंगों द्वारा संदेश भेजने का पता लगाया। इस तरह बेतार का तार बना।

इलेक्ट्रॉन वाल्व का आविष्कार अमरीकी वैज्ञानिक डी फॉरेस्ट ने किया। वाल्व के बिना संदेशों का इतनी सफाई से भेजना या प्राप्त करना संभव न होता।

प्रसारण-केन्द्रों (ब्रॉडकास्टिंग स्टेशनों) में ट्रान्समीटर में लगे वाल्व ध्वनि को रेडियो-तरंगों में बदल देते हैं। यह विद्युत्-प्रवाह एक सेकण्ड में न जाने कितनी बार होता है। माइक्रोफोन के सामने जो आवाज़ होती है, वह तुरन्त वाल्वों की सहायता से रेडियो-तरंगों में बदल दी जाती है, ठीक उसी तरह जैसे टेलीफोन के ट्रान्समीटर से हमारी आवाज़ बदल जाती है। इसके बाद करेण्ट कम या ज़्यादा कर दिया जाता है। स्टूडियो से ट्रान्समीटर कुछ दूर हो सकता है। वहां तक आवाज़ की तरंग तार द्वारा पहुंचाई जाती है। एरियल के भीतर करेण्ट बड़ी तेज़ी से नीचे-ऊपर चक्कर काटता है। जब केन्द्र का एनाउन्सर यह कहता है कि हम आठ सौ किलो साइकल प्रति सेकण्ड पर बोल रहे हैं तो इसका मतलब है कि करेण्ट एरियल के भीतर एक सेकण्ड में आठ लाख बार आ-जा रहा है। इसी करेण्ट के कारण एरियल रेडियो-तरंगों को चारों दिशाओं में भेजता है। ये तरंगें एक सेकण्ड में एक लाख छियासी हज़ार मील की रफ्तार से, यानी प्रकाश की गति से दौड़ती हैं।

जब रिसीविंग सेट के एरियल से ये रेडियो-तरंगें टकराती हैं तो उसमें करेण्ट ऊपर-नीचे आने-जाने लगता है। लेकिन इस तरफ हमारे रिसीविंग सेट पर करेण्ट उतना ज़ोरदार नहीं होता जितना भेजनेवाले सिरे पर होता है। हमारे रेडियो सेट के तीन महत्त्वपूर्ण भाग उस क्षीण करेण्ट को आवाज़ में बदलते हैं।

इनमें पहला तो ट्यूनर है। हमारे एरियल से बहुत-से स्टेशनों की रेडियो-तरंगें टकरा सकती हैं। ट्यूनर की सहायता से हम किसी एक स्टेशन को चुनकर वहां से ब्रॉडकास्ट होनेवाला कार्यक्रम सुन सकते हैं। जब हम कोई स्टेशन चुन लेते हैं, तो उस स्टेशन का करेण्ट 'डिटेक्टर' में जाता है। यह 'डिटेक्टर' रेडियो-तरंगों को बदलकर इस रूप में कर देता है कि वे लाउडस्पीकर को चला

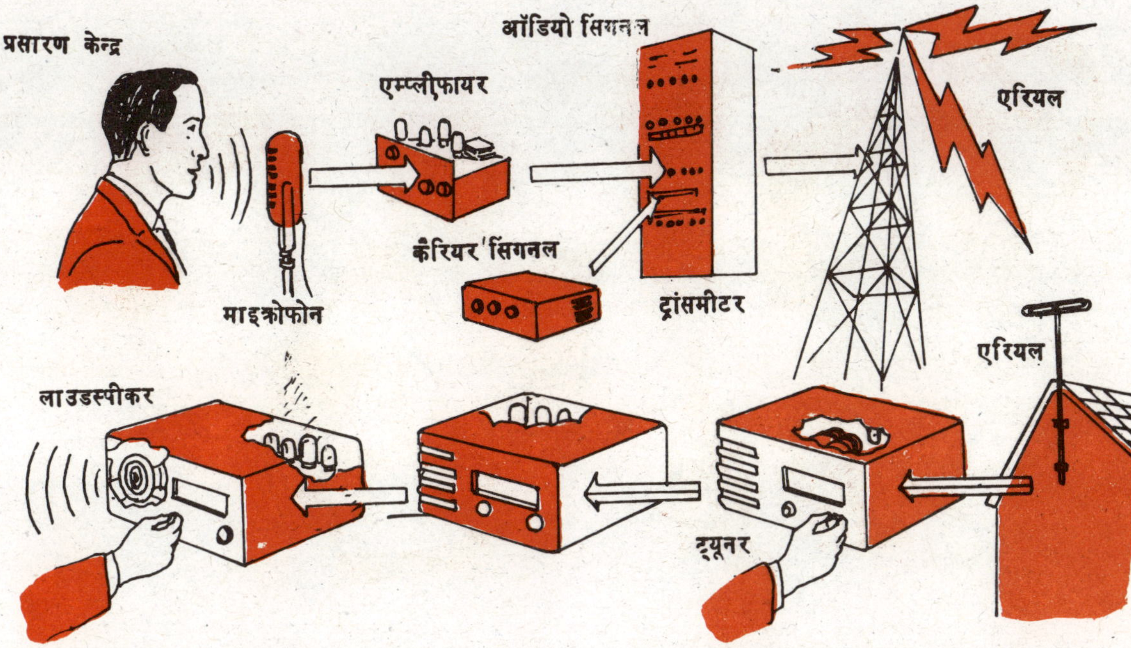

सकें। इससे ठीक वैसी ही आवाज़ सुनाई पड़ती है जैसी ब्रॉडकास्ट की जा रही होती है।

रेडियो पर शॉर्ट वेव और मीडियम वेव दोनों के ही कार्यक्रम सुने जा सकते हैं। मीडियम वेव का ट्रान्समीटर लगभग 100 मील के दायरे के लिए ही कार्यक्रम प्रसारित कर सकता है। शॉर्ट वेव का शक्तिशाली ट्रान्समीटर हज़ारों मील की दूरी तक कार्यक्रम प्रसारित कर सकता है।

कुछ रेडियो सेटों में वाल्व की जगह छोटे ट्रांज़िस्टर काम में लाए जाते हैं। ट्रांज़िस्टर जर्मेनियम के क्रिस्टलों से बने होते हैं। ट्रांज़िस्टर इतने छोटे भी हो सकते हैं कि उन्हें जेब में रखा जा सके।

रेडियो ने दुनिया की दूरी कम कर दी है। हमें दुनिया के किसी भी भाग में होनेवाली दिलचस्प घटना की खबर करीब-करीब तुरन्त मिल जाती है। अब तो रेडियो पर हम चित्र भी देख सकते हैं। टेलीविज़न और क्या है?

(देखें: आविष्कार ; टेलीविज़न ; ट्रांज़िस्टर)

रेफ्रीजरेटर (REFRIGERATORS): खाने-पीने की सामग्री को ठंडा रखनेवाली मशीन का नाम रेफ्रीजरेटर है। बहुत दिन पहले लोगों ने पता लगा लिया था कि अगर खाद्य-पदार्थों को बहुत ठंडा करके रखा जाए तो वे खराब नहीं होते। इसके अलावा कुछ खाने की चीज़ें ठंडी हो जाने के बाद स्वादिष्ट लगने लगती हैं।

आरम्भ में एक बक्स में बर्फ लगाकर उसमें खाने की चीज़ें रख दी जाती थीं। बर्फ के पिघलने से हवा ठंडी होती और वह खाद्य-पदार्थों को भी शीतल कर देती। लेकिन रेफ्रीजरेटरों ने बर्फ के बक्सों को हटा दिया। बहुत-से लोग गर्मियों में पंखा चलाकर अपने-आपको ठंडा रखते हैं। पंखा करने से पसीना जल्दी भाप बनकर उड़ जाता है और हमें शीतलता अनुभव होती है। मशीन द्वारा प्रशीतन की प्रक्रिया में इसी नियम से लाभ उठाया जाता है। रेफ्रीजरेटरों को बिजली से चलाया जाता है। यहां ऐसे ही रेफ्रीजरेटर का चित्र है। यह इस तरह काम करता है: इस मशीन के ठंडा करनेवाले क्वायल में एक प्रकार का तरल पदार्थ बहुत तेज़ी से भाप बनकर उठता रहता है। यह तरल पदार्थ 'रेफ्रीजरेण्ट' कहलाता है। भाप बनकर उड़ते वक्त यह खाने की चीज़ों की गर्मी को कम करता जाता है। इस तरह फ्रीज़िंग ट्रे में रखा पानी बर्फ की शक्ल

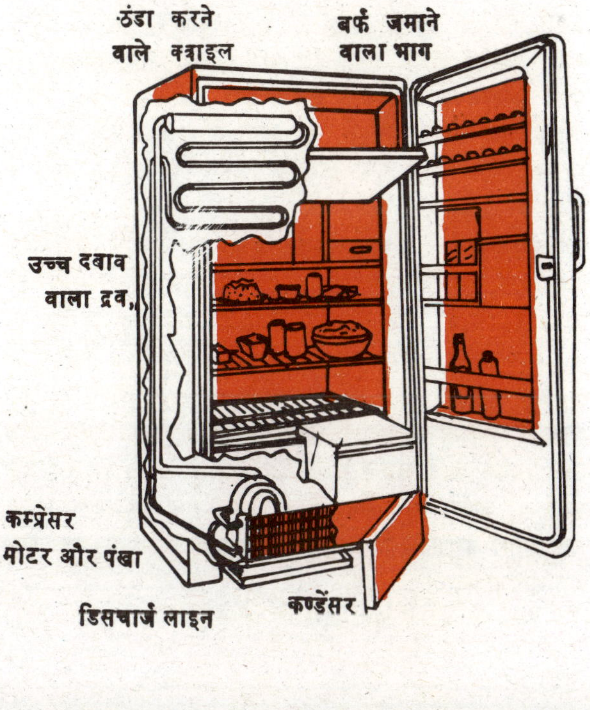

आजकल अनेक उपयोगी वस्तुओं के निर्माण में रेयन का प्रयोग हो रहा है ।

लेता जाता है । इस बीच 'रेफ्रीजरेण्ट' गैस बनकर 'कंप्रेसर' में चला जाता है । फिर वह 'कण्डेंसर में पहुंचता है । यहां गैस फिर दुबारा तरल पदार्थ में बदल जाती है । तरल पदार्थ फिर ठंडा करनेवाले क्वायलों में पहुंचकर भाप बन जाता है । यही 'रेफ्रीजरेण्ट' बार-बार काम आता है । 'कंप्रेसर' एक बिजली की मोटर से चलता है ।

(देखें : आविष्कार)

रेयन (RAYON) : बीसवीं सदी के आरम्भ तक कपड़ा दो तरह से ही बनता था : पौधों के रेशों से और कीड़ों के रेशम या जानवरों के ऊन से । इनमें रेशम का धागा सबसे अधिक खूबसूरत होता है । लेकिन असली रेशम बहुत महंगा होता है । पर अब ऐसे कपड़े बनने लगे हैं जो देखने में रेशमी-से लगते हैं । इनमें से कुछ रेशम की अपेक्षा काफी सस्ते भी होते हैं । ये कपड़े मनुष्य-निर्मित रेशों से तैयार होते हैं । इनमें सबसे पुराना है रेयन ।

रेयन बनाने की शुरूआत सन् 1891 में एक फ्रांसीसी वैज्ञानिक काउंट हिलेयर द शारदोने ने की थी । वह रेयन बनाने के लिए लकड़ी की लुगदी और रुई को मिलाकर एक शहद जैसा गाढ़ा घोल बना लेता था । उस घोल को वह सुई की नोक जितने पतले छिद्र से बहुत बारीक धागे के रूप में बाहर निकालता था । इसके बाद धागा एक प्रकार के रसायन में डुबोया जाता था, जिससे वह सख्त हो जाता था । फिर इसको ऐंठकर आवश्यकतानुसार मोटा सूत बना लिया जाता था । इस सूत से कपड़ा बनाया जा सकता था ।

रेयन के कपड़े शुरू-शुरू में कोई पसन्द नहीं करता था । वह असली रेशम-सा भी नहीं लगता था । बाद में इस पद्धति में कई सुधार किए गए । जब तक इसका नाम 'रेयन' पड़ा तब तक यह कपड़ा लोकप्रिय भी होने लगा । आज करोड़ों किलोग्राम रेयन बनता और बिकता है और इसकी अनेक किस्में होती हैं । सभी प्रकार के रेयन रुई और लुगदी से ही तैयार होते हैं ।

रेयन अनेक रंगों में रंगा जा सकता है । अगर इसको संभालकर रखा जाए तो इसे काफी दिनों तक इस्तेमाल किया जा सकता है । रेयन पर गरम लोहे द्वारा कभी इस्तरी नहीं करनी चाहिए । कृत्रिम रेशे तो और भी कई बने हैं, लेकिन अभी रेयन को कोई हटा नहीं सका है ।

(देखें : आविष्कार; नायलोन)

रेल इंजन (LOCOMOTIVES) : रेल के अधिकतर इंजन या तो भाप से चलते हैं, या बिजली से, या डीज़ल से ।

सबसे पहले भाप के रेल इंजन तैयार हुए । इन्हें मज़ाक में लोग 'लोहे का घोड़ा' भी कहते थे । इनकी शक्ल आज के रेल इंजनों जैसी नहीं थी । इन्हें पहियों के ऊपर तख्ते जोड़कर बनाया गया था । सबसे पहले अच्छा रेल इंजन जॉर्ज स्टीफेंसन ने सन् 1829 में तैयार किया । इसका नाम 'राकेट' था ।

लेकिन जॉर्ज स्टीफेंसन से बहुत पहले अठारहवीं शताब्दी के मध्य में भी रेल इंजन तैयार करने की कोशिश हुई थी । सन् 1802 में रिचार्ड ट्रिविथिक ने एक रेल इंजन तैयार किया था । लेकिन यह एक घंटे में सिर्फ 5 मील चल सकता था । इसी तरह दूसरा इंजन विलियम हेडले ने सन् 1813 में बनाया था । यह इंजन चलते समय बहुत शोर करता था ।

जार्ज स्टीफेंसन ने अपने इंजन का प्रयोग सन् 1814 में ब्रिटेन के किलिंगवर्थ में कोयला उठाने के लिए किया था। 'राकेट' का प्रयोग पहली बार ब्रिटेन में स्टॉकटन से डार्लिंगटन तक किया गया। इस लाइन की पूरी लम्बाई 37 मील थी। यह इंजन 16 मील प्रति घंटा की रफ्तार से चलता था। आज 100 मील प्रति घंटा की गति से चलनेवाले इंजनों की तुलना में 'राकेट' की चाल कछुए जैसी मालूम होगी।

भाप के इंजन के मुख्य चार भाग होते हैं: (1) बॉयलर, (2) इंजन का भाग, (3) रनिंग गियर और (4) टेंडर।

बॉयलर में नल, उसके नीचे भट्टी, और धुआं बक्स आते हैं। यहां भट्टी के ऊपर के नलों में पानी गरम होता है और भाप बन जाता है। धुआं एक चिमनी से बाहर निकल जाता है।

इंजन खुद अपने में एक बहुत जटिल चीज़ है। इसमें भाप की शक्ति को मशीन की शक्ति में बदला जाता है। संक्षेप में कहा जाए तो इंजन यह काम सिलिंडरों द्वारा करता है। थोड़ी-थोड़ी देर में भाप इनके नीचे आकर टकराती है। भाप के धक्के से एक पिस्टन बाहर निकल आता है। यह पिस्टन एक पहिये से जुड़ा होता है। यह काम बहुत कुछ उसी तरह होता है जैसे सिलाई की मशीन में पैडल घूमने पर होता है। जब पिस्टन बाहर निकलता है तो इससे पहिया घूमता है। इस तरह पहिया लगातार घूमता रहता है। पिस्टन और सिलिंडर में से दबी हुई भाप के एक वाल्व से बाहर निकल जाने पर पहिया पिस्टन को फिर पुरानी स्थिति में पहुंचा देता है। यह क्रम बार-बार दुहराया जाता है। एक इंजन में ऐसे कई सिलिंडर होते हैं जो सभी साथ-साथ चलते हैं और इस तरह इंजन को शक्ति प्रदान करते हैं।

इंजन का तीसरा प्रमुख भाग रनिंग गियर पिस्टन के पहिये को इंजन को खींचनेवाले पहियों से जोड़ता है।

अन्तिम भाग टेंडर है। यह इंजन के पीछे होता है। इसमें एक टंकी होती है जिसमें पानी भरा होता है और एक भाग में कोयला भरा रहता है।

स्टूरब्रिज लॉयन

पुराना 999

टॉम थम्ब

ग्रेट मुगल इंजन

आधुनिक भाप का इंजन

बिजली का रेल इंजन

डीजल रेल इंजन

आजकल बहुत-से रेल इंजन बिजली या डीज़ल से चलते हैं। बिजली से चलनेवाले इंजन या तो खुद बिजली पैदा करते हैं, या रेल-पथ के पास बनी हुई बिजली की लाइन से बिजली ग्रहण करते हैं। बिजली या डीज़ल के इंजन से चलनेवाली रेलगाड़ियां अधिक साफ, सस्ती और अच्छी चालवाली होती हैं।

डीज़ल इंजन में तेल से चलनेवाला एक मोटर होता है। इस मोटर से डायनमो चलते हैं। डायनमो से बिजली पैदा होती है और इस बिजली से इंजन चलता है।

बिजली की रेलगाड़ियों में किसी एक डिब्बे में इंजन लगा होता है। कुछ इंजन बिजली ज़मीन पर लगी एक पटरी से प्राप्त करते हैं, जो या तो रेल-पथ के बीच में या एक किनारे होती है। दूसरे कुछ इंजन ऊपर लगे तारों से बिजली प्राप्त करते हैं। इन दोनों तरीकों से रेलगाड़ी काफी तेज़ रफ्तार से चल सकती है। बिजली की रेलगाड़ी छोटी दूरियों के लिए बहुत अच्छी होती है। डीज़ल इंजनों में लाभ यह होता है कि ये अपनी बिजली के लिए बाहर के तार या बिजली की लाइन पर निर्भर नहीं करते। इसलिए इनको कहीं भी चलाया जा सकता है।

(देखें : आविष्कार)

रैले, सर वाल्टर (SIR WALTER RALEIGH 1552–1618) : रानी एलिज़ाबेथ के शासन-काल के आरंभिक युग के लोग अपनी वीरता, विद्याप्रेम और साहसिकता के लिए प्रसिद्ध हैं। सर वाल्टर रैले में ये सारे गुण थे। वह एक खोज-यात्री, नाविक और इतिहासज्ञ के रूप में प्रसिद्ध है।

रैले जब तरुण था, तब ही उसके व्यक्तित्व से रानी एलिज़ाबेथ प्रथम प्रभावित हो गई, और रैले रानी का विशेष कृपापात्र बन गया। रैले ने अपनी सम्पत्ति का उपयोग लोगों को उत्तरी अमरीका में बसाने के लिए किया।

जेम्स प्रथम के गद्दी पर बैठने के बाद रैले पर आरोप लगाया गया कि वह राजघराने और राजा के विरुद्ध षड्यंत्र रच रहा है। इसी आरोप में तेरह वर्ष उसे लन्दन टॉवर की जेल में रखा गया। और जब जेल से रिहा किया गया तो उससे कहा गया कि वह दक्षिणी अमरीका जाकर राजा जेम्स के लिए सोना लाए। अनेक प्रकार की दुर्घटनाओं का सामना करने के बाद जब रैले खाली हाथ इंग्लैंड वापस लौटा तो उसे फांसी की सज़ा दे दी गई।

(देखें : खोज-यात्री)

लाल किला (RED FORT) : शाहजहां ने जब आगरा छोड़कर दिल्ली को अपनी राजधानी बनाने का निश्चय किया तो दिल्ली में सन् 1683 में यह किला बनना शुरू हुआ। इसके पूरा होने में नौ साल लगे।

इसकी लाल पत्थर की बाहरी दीवार पर बुर्जियां और कंगूरे बने हुए हैं। किले के बाहर खाई है, जो कभी पानी से भरी रहती थी। किले के दो प्रधान दरवाज़े हैं, दिल्ली दरवाज़ा और लाहौरी दरवाज़ा।

किले में घुसने के बाद लाल पत्थर का ऊंचा दरवाज़ा आता है, जिसके ऊपर का दालान नौबतखाना था। वहां नौबत बजा करती थी। इसके पीछे दीवाने-आम है। यह तीन दरों का एक बड़ा दालान है जो लाल खंभों पर टिका है और पानदार मेहराबों से सजा है। कभी उनपर सुनहरी नक्काशी थी। यहां पिछली दीवार से लगा बादशाह का सफेद तोरणदार ऊंचा तख्त है, जहां कभी शाहजहां का सिंहासन, तख्तेताऊस, रहता था।

दीवाने-आम के पीछे दीवाने-खास है, जो समूचा सुन्दर संगमरमर का बना है। इसकी शक्ल बारहदरी की है। दीवाने-खास के दोनों तरफ, जमना की ओर, शाही महल हैं। इनमें सबसे बड़ा रंगमहल है। यह सफेद पत्थर का है और इसके बीच में कमल के आकार का एक हौज़ कटा हुआ है।

पास ही शाही हम्माम है जिसमें कई कमरे हैं। इनका फर्श पच्चीकारी से कालीन का-सा कर दिया गया है। कमरों के बीच-बीच में नहाने के कुंड बने हैं, जिनमें कभी रत्न जड़े थे और सैकड़ों फौवारे छूटते थे। किले की अन्य इमारतों में मोती मस्जिद और सावन-भादों मुख्य हैं।

मोती मस्जिद, मोती-सी सफेद स्वच्छ और सुन्दर छोटी-सी मस्जिद है।

लाल पत्थर के एक जलाशय के दोनों सिरों पर संगमरमर के दो मंडप हैं जो 'सावन' और 'भादों' कहलाते हैं। हर मंडप के बीच में एक चौकोर कुंड है, जिसके सूराखों में से जलाशय से आनेवाला पानी झरा करता था। एक मंडप में पानी सावन की झड़ी की तरह नन्ही-नन्ही बूंदों में गिरता था। दूसरे में भादों के बादलों की तरह कुछ ज़ोर से बरसता था।

ला साल (LA SALLE 1643–1687) : ला साल का असली नाम रॉबर्ट कैवेलियर था। ला साल उसकी उपाधि का एक भाग है, लेकिन वह इसी नाम से मशहूर है। वह अमरीका की यात्रा करनेवाले साहसी यात्रियों में एक था।

ला साल फ्रांस के एक धनी घराने में पैदा हुआ था। वह अमरीका इस ख्याल से गया था कि वह अमरीका में एक बड़ा फ्रांसीसी साम्राज्य बनाने में अपने देश की सहायता कर सके। इसके अतिरिक्त, वह साहसपूर्ण कामों में दिलचस्पी भी लेता था।

आदिवासी अमरीकियों से उसने दक्षिण और पश्चिम की ओर दो बड़ी नदियों की बात सुनी। उसने उनकी यात्रा करने का निश्चय कर लिया।

ला साल को पहले 'ओहियो' नदी मिली। वह इस नदी से होकर नीचे उस स्थान तक बढ़ा जहां आज का

'लुइसविले' स्थित है। जब वह कनाडा लौटा तो उसने सुना कि जूलियट और पादरी मार्क्वेट ने मिसिसिपी नदी की वहां तक यात्रा की है जहां वह समुद्र में मिलती है।

ला साल ने मिसिसिपी के मुहाने तक की यात्रा करने का निश्चय कर लिया।

उसने तुरंत निश्चय किया कि वह मिसिसिपी नदी के मुहाने तक की यात्रा करेगा और उस समूची भूमि को फ्रांस की सम्पत्ति घोषित करेगा।

भारी कठिनाइयों का बड़ी हिम्मत से सामना करते हुए वह मिसिसिपी के मुहाने तक पहुंचा। लौटती बार काफी कठिनाई हुई। खाने का भी अभाव हो गया। ला साल बीमार पड़ गया। लेकिन वह बच गया। बाद में वह फ्रांस लौटा। वहां से उसे मिसिसिपी के डेल्टे पर एक किला बनाने को भेजा गया। इस बार उसने मेक्सिको की खाड़ी के किनारे-किनारे जहाज़ खेते हुए नदी के मुहाने पर पहुंचना चाहा। इसमें काफी परेशानी उठानी पड़ी। उसके मल्लाह भड़क उठे और उन्होंने उसे मार डाला।

एक शताब्दी बाद संयुक्त राज्य अमरीका ने उस सारे इलाके को, जिसे ला साल ने अपने अधिकार में किया था. फ्रांस से खरीद लिया। (देखें : खोज-यात्री)

लिंकन स्मारक (LINCOLN MEMORIAL) : अमरीका के वाशिंगटन शहर में जॉर्ज वाशिंगटन के स्मारक के पास ही अब्राहम लिंकन का स्मारक है। इनके बीच में एक बड़ा ताल है, जिसके जल में दोनों स्मारकों के प्रतिबिम्ब झिलमिलाते हैं।

यह स्मारक चूना पत्थर का है और प्राचीन ग्रीक मंदिर की डिज़ाइन पर बना है। इसके खंभे 40 फुट ऊंचे हैं। स्मारक के अन्दर प्रेज़ीडेंट लिंकन की एक विशाल मूर्ति है। इसकी दीवारों पर लिंकन के दो बहुत प्रसिद्ध भाषण खुदे हुए हैं।

यह स्मारक, जैसाकि बहुत-से लोग सोचते होंगे, प्रेज़ीडेंट लिंकन की समाधि नहीं है। उनकी समाधि तो स्प्रिंगफील्ड में है।

लिविंग्स्टन, डेविड (DAVID LIVINGSTONE 1813-1873) : इंग्लैंड के ईसाई धर्म-प्रचारकों और साहसी यात्रियों में डेविड लिविंग्स्टन सबसे महान थे। लगभग तीस वर्ष तक वे अफ्रीका में भ्रमण करते रहे और भयानक संकटों और कठिनाइयों का सामना करते हुए लोगों में ज्ञान का प्रसार तथा ईसाई धर्म का प्रचार करते रहे।

उनका जन्म स्काटलेंड में हुआ था। उनके मन में ज्ञान की अपार भूख थी। वे कपड़े के एक कारखाने में बहुत अधिक समय तक काम करते थे, और काम काफी कठिन था। लेकिन फिर भी उन्होंने अपना अध्ययन जारी रखा। बीस वर्ष की अवस्था होने पर उनमें ईसाई धर्म का प्रचारक बनने की धुन उत्पन्न हुई। उन्हें लन्दन की ईसाई धर्म सभा ने ट्रेनिंग के लिए चुन लिया।

लिविंग्स्टन अफ्रीका में सन् 1841 में पहुंचे। उस समय उनकी आयु 28 वर्ष थी। उनके पास पैसा नहीं था, लेकिन उत्साह की कमी नहीं थी। वे अपनी यात्राओं का खर्च लेख लिखकर चलाते रहे। बहुत बाद में ब्रिटिश सरकार ने भी अफ्रीका में उन्हें अपना प्रतिनिधि बनाकर उनकी सहायता की।

धर्म-प्रचारक के रूप में उनके सामने दो उद्देश्य थे। एक तो अरबों द्वारा अफ्रीका में होनेवाला गुलामों का व्यापार बन्द कराना, और दूसरा नील नदी के उद्गम का पता लगाना। यद्यपि दूसरे काम को वे पूरा नहीं कर सके फिर भी दासों का व्यापार बन्द कराने में कई क्षेत्रों में उन्हें बहुत सफलता मिली। (देखें : खोज-यात्री)

लीफ द लकी (LEIF THE LUCKY) : अमरीका में कोलम्बस से पहले भी कुछ लोग पहुंच चुके थे। कोलम्बस के अमरीका पहुंचने से लगभग पांच सौ वर्ष पहले, नार्स

एक प्राचीन वाइकिंग जहाज़

लोग अमरीका के किनारों पर पहुंच गए थे। इनमें से एक का नाम था लीफ एरिक्सन। उसे अक्सर लीफ द

लकी या 'भाग्यशाली लीफ' कहा जाता है। लीफ का इरादा नई दुनिया की यात्रा करने का नहीं था, फिर भी वह वहां पहुंच गया।

लीफ के पिता ने नार्वे से आकर ग्रीनलैंड में एक उपनिवेश बसाया था। जब लीफ नौजवान था तब वह अपने पिता के पुराने देश को देखने गया।

नार्वे के राजा ने सुदूर पश्चिम से आए इस नौजवान को बहुत पसन्द किया। नार्वे में कुछ दिन रहने के बाद वह अपना जहाज़ लेकर ग्रीनलैंड लौट पड़ा। रास्ते में उसका जहाज़ तूफान में पड़ गया और बहकर उत्तरी अमरीका के तट पर पहुंच गया।

लीफ को किनारे-किनारे बहुत दूर तक अपना जहाज़ खेकर ग्रीनलैंड पहुंचना पड़ा। उसने रास्ते में पड़े कई स्थानों का नामकरण भी किया।

लौटने पर उसने जब यह बात बताई तो उसका भाई इस नए देश की खोज में निकला, लेकिन उसके हाथ कुछ नहीं लगा। कुछ दूसरे नार्स लोग अमरीका पहुंचे और उनमें से कुछ ने वहां रहना शुरू कर दिया। लेकिन अमरीकी आदिवासियों ने उन्हें वहां से भगा दिया।

(देखें : खोज-यात्री)

वर्साई (VERSAILLES): पेरिस से दस मील दूर वर्साई का महल है। इसकी गणना विश्व के सबसे शानदार महलों में की जाती है। मूलतः यह महल चौदहवें लुई ने बनवाया था। आजकल जो महल है वह लुई वाले महल का ही विस्तार है। इसके पुनर्निर्माण में लगभग पचास वर्ष लगे। इस महल में सुंदर उद्यान, झीलें, फौवारे, क्यारियां और जंगल हैं। इसका सबसे प्रसिद्ध भाग इसका शीशमहल है। प्रथम महायुद्ध की समाप्ति पर सन् 1919 की प्रसिद्ध संधि, जो 'वर्साई संधि' के नाम से प्रसिद्ध है, इसी शीशमहल में हुई थी। आजकल इसे एक अजायबघर बना दिया गया है।

वाइकिंग यात्री (VIKINGS): कोई एक हज़ार वर्ष पहले यूरोप के उत्तर में वाइकिंग लोग उस लम्बे प्रायद्वीप में रहते थे जहां आजकल नार्वे और स्वीडन हैं। वे आज के नार्वे, स्वीडन और डेनमार्क के निवासियों के पूर्वज थे।

समुद्र के निकट रहने के कारण वे लम्बी और खतरनाक समुद्री यात्राओं को खेल समझते थे। कुछ वाइकिंग समुद्री डाकू थे। वे किनारे के देशों को लूटते थे। सोना, चांदी और लूट में मिला दूसरा माल नावों में भर-भरकर अपने देश में लाते थे। वे काले लोगों को अपना गुलाम बनाकर ले आते थे। कुछ वाइकिंग व्यापारी थे। वे नावों पर सूखी मछलियां और समूर लादकर पड़ोस के देशों में बेच आते थे।

वाइकिंग लोगों की नावों में पाल तो होते ही थे, लेकिन उनमें चप्पू भी होते थे। नावों की पेंदी चपटी होती थी, और वे इतनी छोटी होती थीं कि उनमें बैठकर समुद्र पार करना बड़ी हिम्मत का काम था। नावों के दोनों सिरों पर वाइकिंग लोग अपनी ढालें लटकाए रहते थे।

वाइकिंग सरदार अपनी नाव को इतना प्यार करता था कि उसे अपनी कब्र में रखवा देता था। अक्सर उसके घोड़े, कुत्ते और उसका बहुत-सा खज़ाना भी उसके शव के साथ ही गाड़ दिया जाता था। दुनिया के दूर-दूर के हिस्सों में स्थित वाइकिंग सरदारों की कब्रों से अनेक खज़ाने प्राप्त किए गए हैं।

अपने देश से निकलकर वाइकिंग लोग बहुत-से स्थानों में फैल गए। कुछ लोग इंग्लैंड, कुछ रूस, कुछ उत्तरी फ्रांस, कुछ आयरलैंड और कुछ ग्रीनलैंड में जा बसे।

वाइकिंग यात्री स्थल की खोज के लिए कौए छोड़ते थे।

वाइकिंग लोगों की ग्राम-परिषदें होती थीं, जिनमें वे अपने लिए खुद कानून बनाते थे।

वाइकिंग सरदार भी बड़ी सादगी से रहते थे। उनके मकान लकड़ी के लट्ठों से बने होते थे। फर्श मिट्टी का होता था। इन लोगों का मुख्य भोजन मछली था। जौ से बनी एक प्रकार की शराब, जो एल (Ale) के नाम से प्रसिद्ध थी, आम पेय थी।

वाइकिंग लोग बहुत अधिक सभ्य तो नहीं थे, लेकिन वे लिखना जानते थे। पहली दो-तीन शताब्दियों में वाइकिंग लोगों ने अपने साहसिक कृत्यों के बारे में अधिक नहीं लिखा। कालान्तर में उनकी साहसपूर्ण कथाएं लिखी गई। ये कथाएं 'सागा' (Sagas) के नाम से प्रसिद्ध हैं और इन्हींसे हमें वाइकिंग यात्रियों के बारे में पता चलता है।

वातानुकूलन (AIR CONDITIONING): आजकल हम घर, इमारत या कमरे के भीतर मनचाहा मौसम रख सकते हैं। हम ताप को अपनी मर्ज़ी के मुताबिक कम या ज़्यादा कर सकते हैं, और हवा को भी मर्ज़ी के मुताबिक

कमरे की खिड़की में लगा यह वातानुकूलन यंत्र बाहर से हवा को खींचता है और उसे साफ व ठंडा करता है। उधर पंखे भीतर की दूषित हवा को बाहर धकेल देते हैं।

सूखा या नम रख सकते हैं। इस तरह इच्छानुसार मौसम पैदा करने को वातानुकूलन कहते हैं।

वातानुकूलन में कई बातें सम्मिलित रहती हैं। इसका मतलब यह भी हो सकता है कि हवा में नमी को बढ़ाया जाए और यह भी कि हवा से नमी को कम किया जाए। इसमें हवा को गरम या ठंडा करने की बात भी आ सकती है। वातानुकूलन में हवा से दुर्गंध, धूल तथा कीटाणुओं आदि का अलग करना भी आ सकता है। वातानुकूलन के लिए भट्टियों, इंजनों या मोटरों, शीतलकारी कुंडलियों (Cooling Coils), फिल्टरों (छलनियों), फुहार टोंटियों या पिचकारियों तथा पंखों का उपयोग किया जाता है। कीटाणु मारने के लिए विशेष प्रकार के लैंप भी काम में लाए जाते हैं।

वातानुकूलन का आधुनिक जीवन में बड़ा महत्त्वपूर्ण स्थान है। शहरों में घरों, दफ्तरों, सिनेमाघरों, रेस्तरांओं, अस्पतालों आदि को वातानुकूलन द्वारा ही ठंडा रखा जाता

वातानुकूलन यंत्र कैसे काम करता है

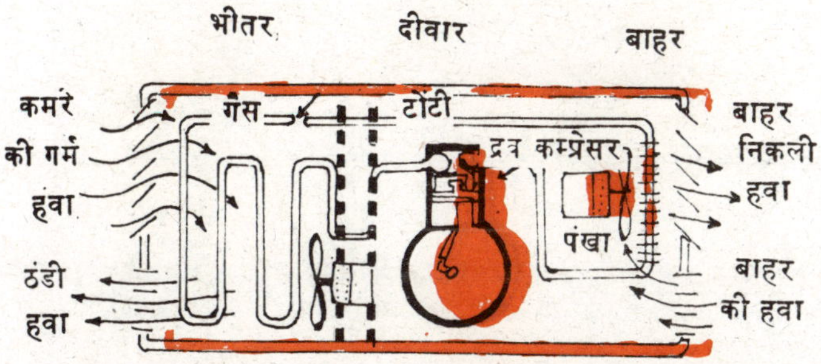

यह वातानुकूलन यंत्र कमरे की हवा को ठंडा करके वापस छोड़ता है। बाहर की हवा शीतलकारी गैस को ठंडा करने के काम आती है।

है। वातानुकूलित स्थान में आनेवाली सारी हवा वातानुकूलन यंत्रों में से गुज़रती है। (देखें : तापन और संवातन)

विस्फोटक (EXPLOSIVES) : विस्फोटकों में बारूद का आविष्कार सबसे पहले हुआ। इस आविष्कार से दुनिया में बहुत महत्त्वपूर्ण परिवर्तन हुए। जब से युद्ध में पहली बार बारूद का प्रयोग हुआ तब से युद्ध के लिए अधिक शक्तिशाली विस्फोटकों की तलाश बराबर जारी है। आज हाइड्रोजन बम का विस्फोट इतना शक्तिशाली है कि शायद बारूद के आविष्कर्ता ने इसकी कल्पना भी न की होगी।

लेकिन इसका यह अर्थ नहीं कि विस्फोटकों का प्रयोग केवल युद्ध में ही होता है। कोयला-खदान में, सुरंग-निर्माण में और ज़मीन की सफाई करने में विस्फोटकों का प्रयोग ज़रूरी है। इसके अलावा, पेट्रोल-इंजन भी लघु विस्फोटों की एक श्रृंखला से ही चलता है। इसमें जिस विस्फोटक का प्रयोग किया जाता है वह पेट्रोल और हवा के मिश्रण से बनता है।

आज बड़े शक्तिशाली विस्फोटकों का आविष्कार हो चुका है।

अक्सर विस्फोट किसी चीज़ को बहुत तेज़ी से जलाकर किया जाता है। जलने से जो गैसें बनती हैं वे बहुत ज़ोर से बाहर की ओर फैलती हैं। लेकिन कुछ यौगिक ऐसे हैं जिनमें विस्फोट के समय उनके तत्त्व पटाखे-जैसी आवाज़ के साथ अलग-अलग हो जाते हैं। नाइट्रोजन आयोडाइड एक ऐसा ही यौगिक है। हलकी-सी ठेस पहुंचने पर भी उसमें विस्फोट हो जाता है।

इसका कारण यह है कि नाइट्रोजन आयोडाइड में नाइट्रोजन रहता है। नाइट्रोजन द्रव्यों से अच्छी तरह नहीं मिलता। जब यह अन्य द्रव्यों से मिलता है तो अक्सर 'बेचैन' रहता है और ज़रा-सा मौका मिलते ही रस्सा तुड़ाकर भाग निकलता है। इसके निकलते ही वे द्रव्य अलग हो जाते हैं और इस तरह विस्फोट हो जाता है।

डाइनामाइट, टी-एन-टी और नाइट्रो ग्लीसरीन सबसे प्रसिद्ध विस्फोटक हैं। आज यद्यपि इनसे कहीं अधिक

शक्तिशाली विस्फोटक प्राप्त किए जा चुके हैं, लेकिन रचनात्मक कार्यों में आज सबसे अधिक उपयोग उपर्युक्त विस्फोटकों का ही होता है।

शिकार (HUNTING) : साथ के चित्रों में जितने भी आदमी हैं सभी शिकारी हैं, लेकिन उनके शिकार के ढंग अलग-अलग हैं।

शिकार मनुष्य के लिए कोई नई चीज़ नहीं है। हज़ारों साल पहले, सभ्यता के उदय से पूर्व, जब मनुष्य जंगलों और गुफाओं में बिलकुल असभ्य अवस्था में रहा करता था, तब भी वह शिकार करता था। सच तो यह है कि शिकार के बिना तब उसकी गुज़र ही नहीं हो सकती थी। वह खेती करना नहीं जानता था और कंद-मूल हमेशा और हर कहीं मिलते नहीं थे। इसलिए अपना पेट भरने के

गुफावासी पत्थरों और भालों से शिकार करते थे।

लिए उसे अधिकतर शिकार पर ही निर्भर करना पड़ता था। जानवरों को उसे एक और कारण से भी मारना पड़ता था—अपनी जान बचाने के लिए। तब आदमी के पास आज की तरह बंदूकें न थीं। उसके हथियार थे—पत्थर के बड़े-बड़े टुकड़े, पत्थर के ही बने चाकू, छुरे, भाले और गदाएं। तीर-कमान और धातुओं के हथियार बहुत बाद के युग में बने।

लेकिन उस ज़माने में शिकार एक ज़रूरत को पूरा करने के लिए किया जाता था। उससे खाना मिलता था और तन ढंकने और सर्दी से बचने के लिए खाल मिलती

शिकार ने अमरीकी बाइसनों को लगभग समाप्त कर दिया।

थी। बाद में, सभ्यता के उदय के बाद, शिकार मनबहलाव का एक साधन बन गया। अभी कुछ वर्ष पहले तक राजा-महाराजाओं की शान इसी बात में मानी जाती थी कि उन्होंने कितने और किन-किन जानवरों का कहां-कहां शिकार किया है।

पुराने ज़माने में हर तरफ जंगल थे और हर कहीं शिकार मिल सकता था। अब शिकार के लिए दूर-दूर

जंगली जानवरों के फोटो खींचना भी शिकार जैसा साहसिक काम है।

जाना पड़ता है। इसलिए इसमें आधा मज़ा तो नई और दूर की जगह जाने का ही रहता है।

लेकिन शिकार के शौकीनों ने जंगली जानवरों को कई जगह से तो बिलकुल समाप्त ही कर दिया। और जगहों पर भी उन्होंने वह तबाही मचाई कि लगभग हर देश की सरकार को जंगली जंतुओं के बचाव के कानून बनाने पड़े। इन कानूनों के अनुसार कुछ इलाकों में तो शिकार किया ही नहीं जा सकता। कई जगहों पर शिकार के मौसम नियत कर दिए गए हैं। कुछ जगहों पर यह निश्चित कर दिया गया है कि एक वर्ष में अधिक से अधिक कितने जानवरों का शिकार किया जा सकता है।

जंगली जानवरों को जीवित पकड़कर लाना और चिड़ियाघरों में सबके देखने के लिए रखना तथा उनकी आज़ाद ज़िंदगी की तसवीरें खींचकर लाना, शिकार के ये दो नए ढंग अभी हाल ही में निकले हैं। जोखिम इनमें भी कम नहीं होती और ये भी हिम्मतवालों के ही काम हैं।

लेकिन एक बात है—शिकारियों की बदौलत हमें जंगली जानवरों के बारे में काफी कुछ जानकारी मिली है। अच्छा शिकारी बनने के लिए जंगली जानवरों के निवास, खुराक और स्वभाव के बारे में जानना आवश्यक है।

पत्तियां जमा करना

शौक (HOBBIES) : जब अधिकतर काम लोग हाथ से करते थे, तो उनके पास इस बात के लिए समय नहीं रहता था कि वे कुछ काम केवल मनोरंजन के लिए करें। अब तो युवक भी दिन-भर में सात-आठ घंटे ही काम करते हैं। लड़के-लड़कियां स्कूल में पांच-छः घंटे के लिए पढ़ने जाते हैं। इसके अलावा, गर्मियों की लम्बी छुट्टियां होती हैं। प्रायः हर एक के पास इतना वक्त होता है कि वह उसे जैसे चाहे बिताए। आजकल लोग अपना अधिकांश खाली वक्त शौक के कामों में बिताते हैं। अंग्रेज़ी में ऐसे कामों को, जो केवल अपने आनन्द के लिए किए जाते हैं, 'हॉबी' कहते हैं।

चट्टानों के टुकड़े जमा करना

चीज़ों को संग्रह करना एक आम शौक है। लोग हर तरह की चीज़ें इकट्ठी करते हैं। चीनी मिट्टी के खिलौने, तितलियां और डाक के टिकट इनमें से कुछ हैं। इनमें डाक-टिकटों को संग्रह करना बहुत ही लोकप्रिय है। कुछ लोगों के पास तो हज़ारों रुपयों के मूल्य के डाक-टिकट होंगे।

बहुत-से लोग चित्रकारी करते हैं। कुछ लोग फूल उगाते हैं, फोटो खींचते हैं, बुनाई करते हैं, यात्रा करते हैं, पहाड़ों पर चढ़ने जाते हैं, गाते हैं, वाद्य-यंत्र बजाना सीखते हैं, फर्नीचर बनाते हैं, सिलाई करते हैं, मिट्टी के बर्तन बनाते हैं, पढ़ते हैं, ज्योतिष पढ़ते हैं, पहेलियां हल करते हैं, या कोई नई भाषा सीखते हैं। ऐसे शौकिया कामों की कई जगह प्रदर्शनियां भी होती हैं। यह बड़े आश्चर्य की बात है कि लोगों में कितने भिन्न प्रकार के शौक होते हैं।

कभी-कभी किसी बच्चे का छुटपन का शौक ही आगे चलकर उसका व्यवसाय बन सकता है। बचपन में ऑदूबां का अधिकांश समय चिड़ियों को देखने में गुज़रता था। बाद में वह चिड़ियों के चित्र बनाने लगा और प्रसिद्ध चित्रकार बन गया।

समय और समय-निर्धारण (TIME AND TIME TELLING) : आदिम गुफावासी मनुष्य का जीवन बड़ा सादा था। वह सूरज निकलने के साथ उठ-बैठता था और अंधेरा होते ही सो जाता था। जहां उसे खाना मिलता था वहीं खा लेता था। किस समय क्या बजा है—यह निर्धारित करने की उसे कतई चिंता न थी।

लेकिन जब लोगों ने समुदायों में रहना शुरू कर दिया तब यह ज़रूरत महसूस होने लगी कि समय निर्धारित करने का कोई उपाय खोज निकाला जाए। आज आदिम जाति के लोग समय जानने के लिए सूरज, छाया, तारों आदि का जिस तरह उपयोग करते हैं उससे हम इस बात का अंदाज़ लगा सकते हैं कि आरंभ में समय जानने के क्या तरीके रहे होंगे।

संसार में सबसे पहली घड़ी धूपघड़ी थी। धूप-घड़ी छाया की मदद से समय बताती है। अब तक जिन धूपघड़ियों के विषय में पता लगाया जा सका है, उनमें सबसे पुरानी घड़ी का निर्माण लगभग 3500 वर्ष पहले मिस्र में हुआ था। यह बड़ी सादा थी। यूनानियों ने कुछ बड़ी अच्छी धूपघड़ियों का निर्माण किया। उनकी कुछ धूपघड़ियां सर्पिल चक्र (Hemicycles) कहलाईं। इन घड़ियों में छाया एक वक्र पृष्ठ पर पड़ती थी। शुरू में बनी धूपघड़ियों पर अधिक निशान नहीं थे। उनमें से कुछ ऐसी थीं जिनपर दिन को केवल 4 भागों में विभक्त किया गया था। लेकिन आज से कोई 2000 वर्ष पूर्व सूर्योदय से सूर्यास्त तक के समय को बारह बराबर भागों, या घंटों में बांटना आम बात हो गई थी। शायद इसका कारण यह रहा हो कि साल में 12 महीने होते हैं—यह तब तक मान लिया गया था। प्रकृति में घंटों की कोई निश्चित संख्या नहीं है। इसलिए प्रारंभ में 12 के स्थान पर दिन को 10 या 20 घंटों में भी बड़ी आसानी से विभक्त किया जा सकता था। आगे चलकर दिन की भांति रात को भी 12 घंटों में विभक्त कर लिया गया। सैकड़ों वर्ष तक धूपघड़ियों का बोलबाला रहा। आजकल प्रायः उद्यानों

आदि में हमें धूपघड़ियां देखने को मिल जाती हैं।

धूपघड़ी हमें रात को समय नहीं बता सकती, क्योंकि उस समय सूरज नहीं होता। जिन दिनों सूरज बादलों में छिपा रहता है उन दिनों भी यह काम नहीं देती। इसलिए लोग समय बताने के अच्छे उपायों की खोज में बराबर लगे रहे।

जलघड़ी भी लगभग उतनी ही पुरानी है जितनी धूपघड़ी। एक प्रकार की जलघड़ी धातु की एक बोतल होती थी। इसकी पेंदी में एक छेद होता था। बोतल में पानी भर दिया जाता था, जो छेद में से टपकता रहता था। एक दूसरे प्रकार की जलघड़ी इस प्रकार बनाई जाती थी : एक कटोरे में छेद करके उसे पानी से भरे बर्तन में तैरा दिया जाता था। कटोरे में धीरे-धीरे पानी भरता रहता था और अंत में वह पानी में डूब जाता था।

कुछ जलघड़ियों में डायल लगे थे जिनसे समय का पता चल जाता था। लगभग 1150 साल पहले बगदाद के प्रसिद्ध सम्राट हारूं अल् रशीद द्वारा महान सम्राट शार्लेमेन को एक जलघड़ी भेंट में दी गई थी। इस घड़ी की गणना विश्व की सर्वोत्कृष्ट जलघड़ियों में की जाती है। यह घड़ी कांसे की बनी हुई थी और इसपर सोने का काम था। डायल में 12 घंटों के लिए बारह छोटे-छोटे दरवाज़े थे। घंटों के बीतने के साथ-साथ दरवाज़े खुलते थे। जितने दरवाज़े खुलते थे उतनी ही पीतल की गेंदें पीतल के तवों पर गिरती थीं और उनकी टनटनाहट से पता चल जाता था कि क्या बजा है।

जलघड़ियां दिन में भी काम देती थीं और रात में भी। लेकिन उनमें अक्सर गड़बड़ हो जाती थी। मिसाल के तौर पर कभी-कभी पानी जम जाता था। इसके अलावा, अच्छी से अच्छी जलघड़ी से भी मिनटों और सेकंडों का पता नहीं चल सकता था।

रेतघड़ी का आविष्कार भी बहुत पुराना है। रेतघड़ियों को अक्सर घंटाघड़ी कहा जाता था, क्योंकि अधिकांश रेतघड़ियों में रेत को एक गुटिका (Bulb) से दूसरी

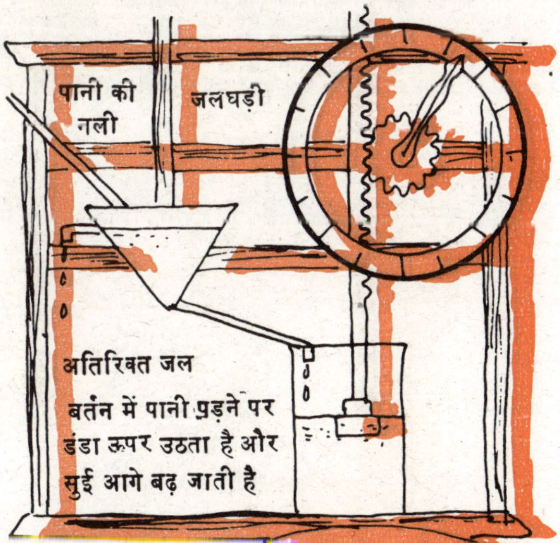

में जाने में एक घंटा लगता था। रेतघड़ियां बहुत-कुछ आरंभिक जलघड़ियों के समान थीं। लेकिन रेतघड़ियों का विशेष प्रचलन नहीं हो पाया।

असली घड़ियों की शुरुआत के पहले आग द्वारा समय मापने का प्रयत्न भी किया गया। धारीदार मोमबत्तियां, गांठ-लगी रस्सियां और तेल के लैम्प जलाकर समय का निश्चय करने के प्रयत्न भी किए गए।

संभवत: पहली वास्तविक घड़ियों का निर्माण लगभग 1000 वर्ष पहले हुआ। लेकिन तीन-चार सौ वर्ष तक वे आम जनता में प्रचलित न हो सकीं। लगभग 500 वर्ष पहले छोटी घड़ियों की शुरुआत हुई। लेकिन 200 वर्ष बाद घड़ियां इस काबिल हो सकीं कि मिनटों और सेकंडों में समय बता सकें।

13वीं शताब्दी 'जैक्स'

16वीं शताब्दी की एक सुई वाली घड़ी

बिग बैन

विश्व घड़ी

जैसाकि सभी जानते हैं, एक घंटे में 60 मिनट होते हैं, और एक मिनट में 60 सेकंड। एक घंटे में मिनटों की संख्या 60 न होकर कुछ और भी हो सकती थी, और इसी प्रकार एक मिनट में कितने ही सेकंड हो सकते थे। तब यह संख्या 60 ही क्यों मानी गई? शायद इसका कारण यह रहा हो कि प्राचीन बेबीलोनिया में 60 की संख्या का विशेष महत्त्व था और हमारी अनेक मान्यताओं का उद्गम बेबीलोनिया ही है।

समय जानने की दिशा में एक समस्या बड़ी पेचीदा है। जब शिकागो में दोपहर होती है उस समय लंदन में शाम के छ: और सान फ्रांसिस्को में सुबह के दस बजे होते हैं। पूर्व या पश्चिम की दिशा में कुछ ही मीलों के अंतर से सूर्य के समय में एक मिनट का अंतर हो जाता है। लेकिन जब कोई व्यक्ति यात्रा के लिए निकलता है तो उसे यह अच्छा नहीं लगता कि वह हर बार कुछ मील चलने के बाद अपनी घड़ी में समय बदले। इसलिए दुनिया को समय-क्षेत्रों (Time Zones) में विभक्त कर दिया गया है। हर क्षेत्र के सभी स्थानों पर एक ही समय रहता है। इसे स्टैंडर्ड टाइम कहते हैं।

शून्य डिग्री देशांतर पर स्थित ग्रीनिच (इंग्लैंड) का समय माध्य समय (Mean Time) है। दूसरे देश यहीं से अपना समय निर्धारित करते हैं। ग्रीनिच से पूर्व में पड़नेवाले देशों में उसके पश्चिमी देशों के मुकाबले समय आगे रहता है। (देखें : घड़ियां, बड़ी, छोटी)

समुद्री केबल (SUBMARINE CABLES) : तार की लाइन सबसे पहले सन् 1844 में शुरू हुई। इसके कुछ ही दिनों के भीतर ज़मीन पर हज़ारों मील तार की लाइनें बिछ गईं। और आज से बहुत दिन पहले लोग समुद्र पार भी तार से खबरें भेजने लगे। इन खबरों को भेजने के लिए एक महाद्वीप से दूसरे तक समुद्र में मोटे तार या केबल बिछाए गए। इन्हें समुद्री केबल कहते हैं। इनसे भेजे जानेवाले तार को समुद्री तार कहते हैं।

सबसे पहले अटलांटिक महासागर में केबल बिछाए गए। अमरीकी इंजीनियर फील्ड ने सर चार्ल्स ब्राइट और लार्ड केल्विन की सहायता से पहली बार सन् 1866 में आयरलैंड से न्यूफाउण्डलैंड तक केबल बिछाया। इसके 36 वर्ष बाद प्रशान्त महासागर में केबल बिछाए गए।

सन् 1955 में टेलीफोन का एक केबल अटलांटिक महासागर में बिछाया गया। उसके बाद कुछ दूसरे टेलीफोन के केबल बिछाए गए। इन केबलों के द्वारा समुद्र पार की आवाज़ वैसे ही सुनाई पड़ सकती है, जैसे हम पड़ोस के घर से बातें कर रहे हों।

जिस तार से होकर बिजली प्रवाहित होती है वह समुद्री केबल का सिर्फ एक भाग होता है। तार के ऊपर ऐसे खोल का होना आवश्यक है जिसमें पानी न घुस सके, क्योंकि नमकीन पानी में बिजली आसानी से प्रवाहित हो सकती है। तारों को तेज़ चट्टानों, ड्रैगिंग ऐंकरों और सोर्ड मछलियों से बचाना भी आवश्यक है। तार को इतना मज़बूत होना चाहिए कि वह समुद्र के नीचे गिराए जाने पर अपने ही भार से टूट न जाए। केबल के चारों ओर एक ऐसी तह भी होनी चाहिए जिसे कीडे चाट न सकें।

आज दुनिया में बिछाए गए समुद्री केबलों की कुल लम्बाई 4,00,000 मील है। ये पूरी धरती को घेरे हुए हैं।
(देखें : टेलीग्राफ)

सर्कस (CIRCUS)

सर्कस (CIRCUS) : बच्चे सर्कस का आगमन सुनकर बहुत खुश होते हैं। सर्कस सबसे पहले शायद रोम में दिखाए जाते थे। उनमें अधिकतर रथ दौड़ाए जाते थे। दौड़ों के बीच कलाबाज़ और घुड़सवार अपने करतब दिखाते थे।

रोम के पतन के बाद सदियों सर्कस नहीं रहे। लगभग 200 वर्ष पहले इंग्लैंड में छोटे सर्कस आरंभ हुए। ये गांव-गांव घूमते थे। इनमें नट तथा बाजीगर तमाशा दिखाते थे।

आज के सर्कसों में शरीर साधने के खेल दिखानेवाले नट और जिमनास्टिक वाले होते हैं। वे दौड़ते घोड़े की नंगी पीठ पर अपनी चतुराई दिखाते हैं। कुछ लोग ऊंची बंधी हुई रस्सी पर चलते हैं, तार पर साइकिल चलाते हैं। सर्कस में सिखाए हुए हाथी, शेर और दूसरे जानवर भी होते हैं। मसखरे के बिना कोई सर्कस पूरा नहीं होता।
(देखें : बार्नम)

साइकिल और मोटरसाइकिल (BICYCLES AND MOTORCYCLES)

साइकिल और मोटरसाइकिल (BICYCLES AND MOTORCYCLES) : कोई नहीं कह सकता कि साइकिल बनाने की पहले-पहल किसको सूझी। सबसे पहले बनने-वाली साइकिलों में से एक जर्मनी के बैरन कार्ल ड्राइस ने बनाई थी। इसको ड्राइसीने (Draisine) कहते थे। 1818 में ड्राइसीने इंग्लैंड पहुंची। इसमें पैडल नहीं थे। आगे-पीछे दो पहिये थे, जो आपस में लकड़ी की छड़ द्वारा जुड़े हुए थे। चालक इसी पर बैठता था और आगे बढ़ने के लिए पैरों से ज़मीन को धकेलता था। लोगों ने इसका नाम ही 'छैला घोड़ी' (Dandy Horse) रख दिया था, क्योंकि इसका सबसे ज़्यादा उपयोग शौकीन और छैला लोग ही किया करते थे।

कोई पचीस बरस बाद कर्क पैट्रिक मैकमिलन नामक स्कॉटलैंडवासी ने पैडलों से चलनेवाली पहली साइकिल बनाई। इसमें पैडलों से साइकिल का पिछला पहिया घूमता था। पर इस खोज की ओर किसीने भी ध्यान नहीं

साइकिल और मोटरसाइकिल

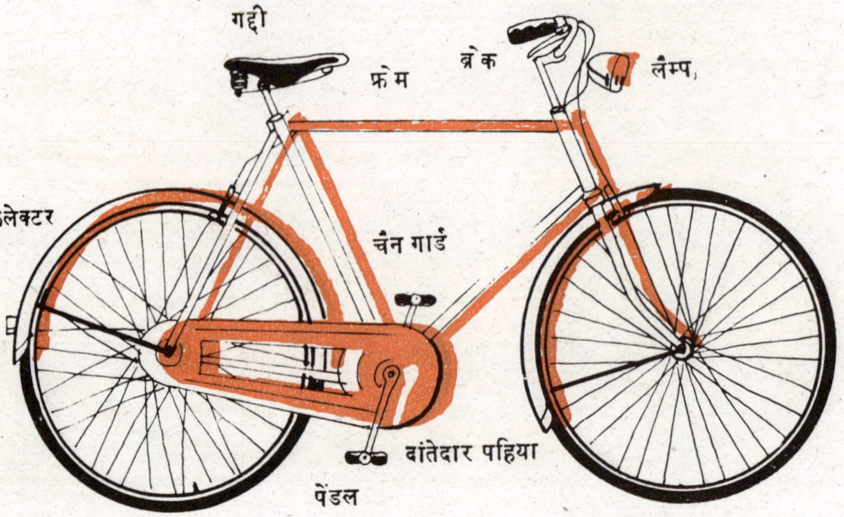

स्कूटर—

मोटर साइकिल—

सबसे पुरानी साइकिल को पैरों से ठेलना पड़ता था।

मोटर साइकिल का एक आरंभिक रूप

दिया। यह बात और है कि बेचारे मैकमिलन को गाड़ी 'तेज़' चलाने के लिए गिरफ्तार कर लिया गया।

1866 में पियरे लाल्लेमें नामक फ्रांसीसी ने एक और साइकिल बनाई। लोगों ने इसका नाम रखा 'हड्डीतोड़' (Boneshaker), क्योंकि इसके चालक को इतने झटके लगते थे कि क्या कहिए। इस साइकिल के पैडल अगले पहिये से जुड़े थे।

तभी किसी आदमी के दिमाग में यह बात आई कि अगर साइकिल का अगला पहिया ज़्यादा बड़ा हो, तो यह ज़्यादा तेज़ चलेगी। नतीजे के तौर पर जो साइकिलें बनीं उनका अगला पहिया तो लगभग आदमी जितना होता था और पिछला छोटा-सा। अगर अगले पहिये की तुलना रुपये से करें तो पिछले की पैसे से करनी होगी। लोगों ने इसका नाम अपने सिक्कों पर ही 'पेनी-फार्दिंग' साइकिल रखा। इसकी सवारी करना भी जीवट का ही काम था।

आखिर, कई सुधारों के बाद साइकिलों को आज का-सा रूप मिला। पहिये फिर बराबर बनने लगे, रबर के टायरों और हवा-भरी ट्यूबों ने झटकों का खातमा कर दिया और चेन के कारण साइकिल तेज़ और आसानी से चलने लगी।

इन्हीं सुधारों के ज़माने में कुछ लोगों को दो सवारों वाली साइकिलें बनाने की भी सूझी और उनका काफी समय तक ज़ोर रहा।

मोटरसाइकिल बुनियादी तौर पर साइकिल ही है, वह आदमी के पैरों से नहीं, इंजन के ज़ोर से चलती है और इंजन को यह बल अपने में जलनेवाले पेट्रोल से मिलता है।

मोटरसाइकिलों की बिरादरी में सबसे नई जो चीज़ आई है, उसका नाम है स्कूटर। यह मोटरसाइकिल से आकार में छोटा होता है और इसपर कुल मिलाकर खर्च भी कम बैठता है। (देखें : आविष्कार)

स्कॉट, रॉबर्ट (ROBERT SCOTT 1868–1912) : कप्तान स्कॉट दक्षिणी ध्रुव के अभियान दल के नेता थे। इस दल ने जो कठिनाइयां सहन कीं और अन्त में जिन अत्यन्त दुःखद परिस्थितियों में मृत्यु का वरण किया, उन सबके कारण रॉबर्ट स्कॉट और उनके साथियों का नाम अमर हो गया है।

वर्तमान सदी के आरंभ में विभिन्न देशों में इस बात की होड़ लगी हुई थी कि कौन सबसे पहले दक्षिणी ध्रुव पहुंचता है।

स्कॉट पहले भी एक अभियान दल का नेतृत्व कर चुके थे। सन् 1910 में रॉबर्ट स्कॉट अपने जहाज़ 'टेरा नोवा' में सवार होकर न्यूज़ीलैंड से दक्षिणी ध्रुव के लिए रवाना हुए। स्कॉट तथा उनके साथियों ने पहले दक्षिणी ध्रुव क्षेत्र में बहुमूल्य वैज्ञानिक सूचनाओं का संग्रह किया। उसके बाद वे नवम्बर सन् 1911 में बर्फीले मैदानों को पार कर दक्षिणी ध्रुव के लिए रवाना हुए। दक्षिणी ध्रुव से दो सौ मील दूर स्कॉट ने अपने चार साथियों को छोड़कर बाकी सबको वापस कर दिया। पांच आदमियों का यह दल अपनी स्लेज गाड़ियों को स्वयं हांकते हुए लक्ष्य की ओर बढ़ता रहा। बड़ी कठिनाइयां झेलते हुए 18 जनवरी, 1912 को वे दक्षिणी ध्रुव पहुंच गए। किन्तु वहां उन्हें पता लगा कि नार्वेजियन यात्री आमनसेन पहले ही दक्षिणी ध्रुव तक पहुंचकर लौट भी चुका है।

वापस लौटते समय पांचों व्यक्ति मारे गए। कप्तान स्कॉट तथा अन्य साथियों के शव आठ मास बाद मिले। इनके पास से जो डायरियां मिलीं उनको पढ़कर लोग चकित रह गए। इन महान साहसी यात्रियों का नाम इतिहास में अमर हो गया है। (देखें : खोज-यात्री)

स्मिथ, जॉन (JOHN SMITH 1580–1631) : संयुक्त राज्य अमरीका के वर्जीनिया प्रदेश में जेम्स नदी के तट पर एक आदमकद मूर्ति स्थापित है। यह मूर्ति कप्तान जॉन स्मिथ की है। यहीं पर पहले जेम्सटाउन नामक बस्ती थी। आज इस बस्ती के स्थान पर यह मूर्ति और इसके पास में एक गिरजे की पुरानी मीनार ही शेष है।

जेम्सटाउन की स्थापना इंग्लैंड से यहां बसने के लिए आए हुए लोगों द्वारा सन् 1607 में हुई थी। इन लोगों ने अपने बसने के लिए यह स्थान चुनकर बुद्धिमत्ता नहीं की। जेम्स नदी के चौड़े मुहाने में नौकाएं तो आसानी से लंगर डाल सकती थीं, पर आसपास की ज़मीन नीची और दलदली थी। खाद्य जुटाना या पैदा करना मुश्किल था। यदि जेम्सटाउन की ज़िम्मेदारी जॉन स्मिथ ने अपने हाथों में न ली होती तो यह बस्ती पूर्ण असफल हो गई होती।

स्मिथ ने यह नियम बना दिया कि जो आदमी काम नहीं करेगा उसे खाना नहीं मिलेगा। उसने इस नियम का पालन पूरी कड़ाई से करवाया। उसने इस प्रदेश के आदिवासियों की भाषा भी सीखी। इस उपनिवेश के चल निकलने का श्रेय उसीको है।

कप्तान जॉन स्मिथ

जॉन स्मिथ का सारा जीवन एक साहसिक अभियान रहा था। बचपन में ही वह इंग्लैंड का अपना घर छोड़कर निकल पड़ा था। फ्रांस से होकर यात्रा करते समय उसे लूट लिया गया था और उसकी जान तक जाते-जाते बची थी। जेरुसलम जाते हुए एक जहाज़ पर लोगों ने समुद्र में तूफान आने का दोष उसके सिर मढ़ दिया और उसे समुद्र में फेंक दिया। किसी तरह उसकी जान बची। पर शीघ्र ही वह तुर्कों के विरुद्ध एक युद्ध में भाग लेने लगा। तुर्कों ने उसे पकड़ लिया और दास बनाकर बेच दिया। वह फिर भाग निकला। इंग्लैंड वापस आकर वह कुछ ही दिन बाद अमरीका के लिए रवाना हो गया।

जिस समय जॉन स्मिथ के साथी शिकार करने और मछलियां मारने में लगे थे, उसने आधुनिक न्यू इंग्लैंड राज्य के समुद्री तट का मानचित्र बना डाला। वास्तव में न्यू इंग्लैंड नाम जॉन स्मिथ का ही दिया हुआ है। उसने एक दूसरे समुद्री तट का भी मानचित्र बनाया और मैसाच्यूसेट्स का नामकरण किया।

स्मिथ के बनाए नक्शों से हेनरी हडसन को अपनी खोजों में बहुत सहायता मिली। इन्हीं नक्शों को देखकर जहाज़ों से आनेवाले यात्रियों ने अपने उतरने का स्थान निश्चित किया। मैसाच्यूसेट्स खाड़ी की कॉलोनी में बसनेवाले लोगों को भी बसने के स्थान का पता जॉन स्मिथ के नक्शों से चला।

हडसन, हेनरी (HENRY HUDSON —1611?): उत्तरी अमरीका की हडसन नदी का नाम प्रसिद्ध अंग्रेज़ यात्री हेनरी हडसन के नाम पर पड़ा है। इसी तरह हडसन खाड़ी का नाम भी उन्हींके नाम पर रखा गया है।

हडसन की सही जन्मतिथि नहीं बताई जा सकती, क्योंकि कोई नहीं जानता कि वे कब पैदा हुए थे। उनके प्रारम्भिक जीवन के बारे में भी बहुत कम बातों का पता है।

हडसन सबसे पहले 1609 में उत्तरी अमरीका में अपना जहाज़ लेकर उस नदी के चढ़ाव की ओर चले जिसका नाम उनके नाम पर रखा गया है। वे उस स्थान तक चले गए जहां आज अलबानी नगर स्थित है। उनका जहाज़ बहुत छोटा था और उसका नाम था 'हाफ़मून' (अर्धचन्द्र)। उन्हें हालैंड की डच ईस्ट इण्डिया कम्पनी ने उत्तर की ओर से चीन का रास्ता ढूंढने के लिए भेजा था।

हडसन को बाद में इस बात का पता चल गया कि वे हडसन नदी के चढ़ाव की ओर यात्रा करके चीन नहीं पहुंच सकते। पहले उनका ख्याल था कि हडसन अटलांटिक और प्रशान्त महासागरों को मिलानेवाली एक जलसंधि है, पर अब उन्हें अपनी भूल समझ में आ गई थी। वे अपना जहाज़ लेकर हालैंड को वापस मुड़े। इस यात्रा में मल्लाहों ने उन्हें काफी परेशान किया।

हालैंड आते हुए वे इंग्लैंड में रुके। वहां उसके जहाज़ को ज़ब्त कर लिया गया। हडसन को यह हुक्म मिला कि वे हालैंड वापस नहीं जा सकते। अगर वे खोज पर जाना चाहें तो यह काम वे इंग्लैंड के लिए ही कर सकते हैं।

1610 में हडसन फिर निकल पड़े, लेकिन इस बार इंग्लैंड की सेवा में। अब उनके जहाज़ का नाम 'डिसकवरी' था। अभी तक उन्हें यह आशा थी कि उत्तर की ओर से चीन के लिए रास्ता मिल सकता है। एक तूफानी यात्रा के बाद उनका जहाज़ काफी दूर उत्तर की ओर निकल आया। वहां से उन्होंने हडसन की खाड़ी की ओर जहाज़ मोड़ा। इस विशाल खाड़ी में पहुंचने के बाद वे इसकी जांच-पड़ताल करने लगे। लेकिन इसी बीच जाड़ा शुरू हो गया। जहाज़ बर्फ में फंस गया। हडसन और उनके मल्लाहों को जाड़े-भर के लिए वहीं रुक जाना पड़ा।

जाड़े के इस लम्बे और ठंडे मौसम में उनके पास खाद्य-सामग्री की कमी पड़ गई। वसन्त का मौसम आने तक काफी मल्लाह हडसन के विरुद्ध हो गए। उन्होंने हडसन और उनके छोटे-से बच्चे को सात मल्लाहों के साथ एक खुली नाव में बैठाकर समुद्र में छोड़ दिया। अधिकतर मल्लाह बीमार थे। 21 जून, 1611 को उनकी नाव बहक गई। इसके बाद उसे किसीने कभी नहीं देखा।

(देखें : खोज-यात्री)

हवाई जहाज़ (AIRCRAFT) : मनुष्य को हवा में उड़ने में पहली बार कामयाबी अब से कोई दो सौ साल पहले मिली। वह उड़ान गुब्बारे में बैठकर की गई थी। गुब्बारा हवा से हलका होता है, इसलिए ऊपर उठ जाता है। पर गुब्बारे को इच्छानुसार नहीं उड़ाया जा सकता—वह हवा के बहाव की दिशा में ही जा सकता है। इसीलिए मनुष्य ने ग्लाइडरों के सहारे उड़ने की कोशिश की। ग्लाइडर को हम बिना इंजन का हवाई जहाज़ कह सकते हैं। इन प्रयोगों से प्राप्त जानकारी बहुत काम आई।

सचमुच के हवाई जहाज़ की पहली उड़ान 17 दिसंबर, 1903 को ऑरविल राइट नामक अमरीकी ने की। वह सिर्फ 12 सेकंड की थी। फिर उसी दिन उसके भाई विल्बर ने 59 सेकंड की उड़ान की। इसके बाद तो बहुत ही तेज़ प्रगति हुई। नित नए प्रयोग और सुधार किए जाने लगे। आधुनिक हवाई जहाज़ तो इतने भारी-भरकम होते हैं कि उन्हें देखकर यही आश्चर्य होता है कि वे कैसे तो हवा में उठते होंगे और क्योंकर उड़ते होंगे।

हवाई जहाज़ बड़ा हो या छोटा, उसका हवा में उड़ना उसके डैनों और उसके पंखे—प्रॉपेलर—के ही कारण संभव हो पाता है। डैनों से उसे हवा में ऊपर उठने और टिके रहने का बल मिलता है, और पंखे से आगे बढ़ने की ताकत मिलती है।

हवाई जहाज़ के डैनों की निचली सतह तो लगभग समतल होती है, पर ऊपरी सतह ऊपर की ओर कुछ मुड़ी रहती है। हवाई जहाज़ के चलते समय हवा उसके डैनों के ऊपर-नीचे से गुज़रती है। नीचे से गुज़रनेवाली हवा तो लगभग वैसे ही निकल जाती है। पर डैनों के ऊपर से होकर जानेवाली हवा को, उनके मुड़े होने के कारण, रास्ते में कुछ बाधा आती है। इसलिए उसे कुछ ज़्यादा दूर तक जाना पड़ता है, और डैनों के नीचे से गुज़रती हवा के प्रवाह में मिलने के लिए ज़्यादा तेज़ी से भी जाना पड़ता है। हवा जितनी तेज़ी से जाती है, ऊपर से वह डैनों पर उतना ही कम दबाव डालती है। इसके मुकाबले नीचे की धीमी हवा डैनों को कहीं ज़्यादा ज़ोर से ऊपर की ओर धकेलती है। नीचे का यह बल अधिक होता है और इसीसे हवाई जहाज़ को ऊपर उठने का बल—या उत्थापक (Lift) मिलता है।

पंखा हवा को काटता है, जैसे नाव की पतवार पानी

ऑटो लिलिएंथल (जर्मनी) ने 1896 में उड़ने का असफल प्रयास किया।

केप्रोनी ट्रिप्लेन बमवर्षक (इटली) 1917

12–इंजन डी ओ-एक्स फ्लाइंग बोट (जर्मनी) 1930

डे हेविलैंड कॉमेट (ग्रेट ब्रिटेन) 1957

को काटती है। पंखे या प्रॉपेलर की गति से ही हवाई जहाज़ को आगे बढ़ने का बल—या ठेल (Thrust) मिलती है।

हवाई जहाज़ के चालक-स्थान या कॉकपिट (Cockpit) में अनेक यंत्र लगे होते हैं, जिनसे चालक या पाइलट (Pilot) को पता लगता रहता है कि उसके इंजन कैसे काम कर रहे हैं और जहाज़ कैसे उड़ रहा है। कॉकपिट में ही हवाई जहाज़ को काबू में रखने के पुर्ज़े लगे होते हैं। पाइलट के सामने एक चक्र या चक्का होता है, जिससे जहाज़ को मोड़ा तथा ऊंचा-नीचा किया जाता है।

चक्के को आगे-पीछे करने से हवाई जहाज़ के एलीवेटर (Elevators) काम करने लगते हैं। एलीवेटर हवाई जहाज़ की दुम के छोर पर होते हैं। चक्के को आगे करने से एलीवेटर नीचे की ओर मुड़ जाते हैं। इससे हवा उनसे टकराने लगती है, जिससे जहाज़ की दुम ऊपर उठ जाती है और नाक नीची हो जाती है और वह नीचे उतरने लगता है। इसी तरह चक्के को पीछे करने पर सारी क्रिया उलट जाती है और हवाई जहाज़ ऊपर चढ़ने लगता है।

चक्के को दाएं-बाएं घुमाने से छोटे हवाई जहाज़ के रडर (Rudder) और ऐलेरॉन (Ailerons) काम करने लगते हैं। दाईं ओर घुमाने से रडर दाईं ओर मुड़ जाता है। हवा के रडर से टकराने के कारण हवाई जहाज़ की दुम बाईं ओर घूम जाती है और उसकी नाक दाईं ओर, जिससे हवाई जहाज़ दाईं ओर उड़ने लगता है। इसी प्रकार जब चक्के को बाईं ओर घुमाया जाता है, तो हवाई जहाज़ बाईं ओर मुड़ जाता है।

ऐलेरॉन भी जहाज़ के मुड़ने में सहायता देते हैं। वे डैनों के पिछले सिरों पर होते हैं। जब चक्का दाईं ओर घुमाया जाता है, तो रडर को मोड़ने के अलावा वह दाएं ऐलेरॉन को ऊपर और बाएं ऐलेरॉन को नीचा कर देता है। हवा के टकराने से हवाई जहाज़ का दायां डैना नीचा हो जाता है और बायां ऊपर, और हवाई जहाज़ नीचे हुए डैने की ओर झुक जाता है। इसे हवाई जहाज़ का करवट लेना (Banking) कहते हैं। जब हवाई जहाज़ दाईं करवट लेता है तो वह दाईं

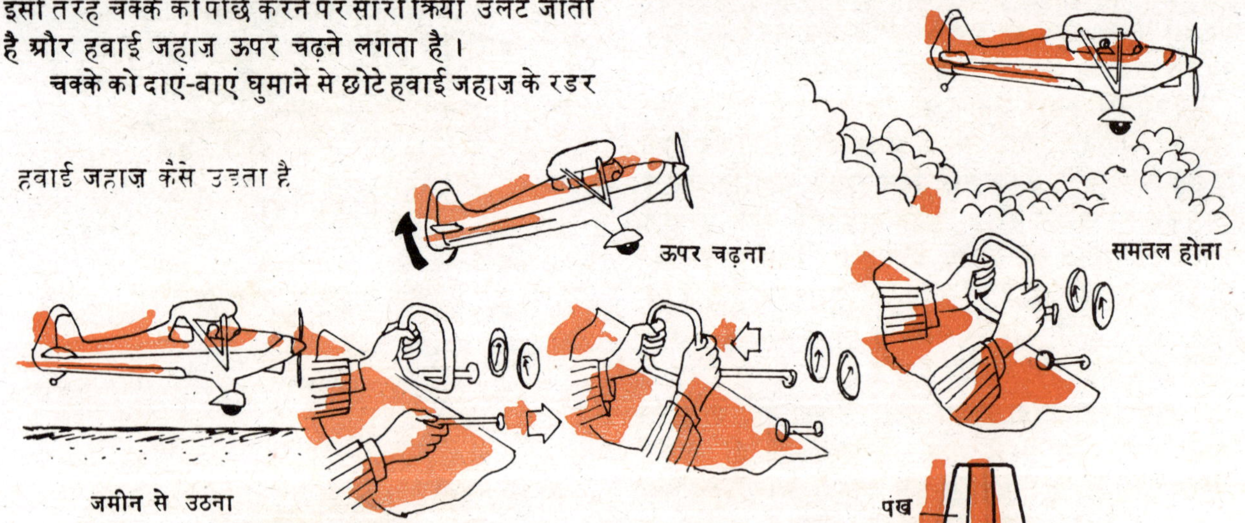

ओर, और बाईं करवट लेने पर बाईं ओर मुड़ने लगता है। लेकिन बड़े हवाई जहाज़ में चक्का घुमाने से ऐलेरॉन ही काम करते हैं। रडर को पैडलों से मोड़ा जाता है।

पर सभी आधुनिक हवाई जहाज़ों में प्रॉपेलर नहीं होते। जेट हवाई जहाज़ के इंजन बिलकुल ही दूसरी तरह के होते हैं। इंजन में जले ईंधन से उत्पन्न गैसें बड़े ज़ोर के साथ पीछे की तरफ के छेद से निकलती हैं। उनके ज़ोर से जहाज़ आगे धकेला जाता है। जेट हवाई जहाज़ बहुत अधिक तेज़ उड़ सकते हैं।

साठ वर्ष के भीतर ही हवाई जहाज़ में जो प्रगति हुई है, वह चमत्कारी है। कुछ हवाई जहाज़ तो आवाज़ से भी तेज़ चाल से—बल्कि कई गुनी तेज़ चाल से उड़ सकते हैं।

(देखें : आविष्कार; हवाई सुरंग; हेलीकॉप्टर)

हवाई सुरंग (WIND TUNNEL) : जब हवाई जहाज़ उड़ता है तो हवा उसके पास से एक अजीब ढंग से बहती है। हवा के बहाव का हवाई जहाज़ की गति से गहरा सम्बन्ध है। जब किसी जहाज़ बनानेवाले को किसी नए ढंग के हवाई जहाज़ की कल्पना सूझती है तो उसे यह जानने की ज़रूरत पड़ती है कि हवा उसके पास से कैसे बहेगी। वह हवाई जहाज़ का एक नमूना तैयार करके हवाई सुरंग में उसकी परीक्षा करता है। हवाई सुरंग एक बड़ी नली या कमरा होता है जिसमें बड़े बड़े पंखों द्वारा बहुत तेज़ हवा चलाई जाती है। इस तेज़ हवा से हवाई सुरंग में वही स्थिति उत्पन्न हो जाती है जिसका सामना हवाई जहाज़ को हवा में तेज़ रफ्तार से उड़ते हुए करना पड़ेगा। इस तरह हवाई जहाज़ बनानेवाला यह देख सकता है कि उसका नमूना हवाई सुरंग में कैसे काम करता है और वह यह जान लेता है कि उस नमूने में परिवर्तन आवश्यक है या नहीं।

हॉर्न अंतरीप (CAPE HORN) : हॉर्न अंतरीप दक्षिणी अमरीका के दक्षिणी छोर पर स्थित है। यह सचमुच महाद्वीप पर स्थित नहीं है, बल्कि आसपास के कई जुड़े-मिले द्वीपों के द्वारा निर्मित है।

इस अंतरीप में समुद्र में से अनेक ढालवां चट्टानें उभरी हुई हैं। यहां समुद्र में हमेशा बहुत ज़ोरदार तूफ़ान आते रहते हैं। तूफान इतने अधिक और इतने ज़ोरदार होते हैं कि कभी मल्लाहों को इस बात का बहुत गर्व होता था कि वे हॉर्न अंतरीप को पार करके आए हैं।

इस अंतरीप का पता सन् 1616 में एक डच यात्री ने लगाया। वह जिस गांव में पैदा हुआ था, उसका नाम हूर्न था। उसने अपने गांव के नाम पर इस अंतरीप का नाम रखा। बाद में इसे छोटा करके हॉर्न बना दिया गया।

हॉर्न अंतरीप के छोर से जानेवाला रास्ता अटलांटिक महासागर को प्रशान्त महासागर से मिलाता है। पनामा नहर बनने से पहले यह रास्ता बहुत महत्त्वपूर्ण था।

हिसाब की मशीन (CALCULATING MACHINES) : कुछ मशीनें ऐसी हैं जो जोड़ने, घटाने, गुणा करने और

हिसाब की मशीनें अनेक आकारों और शक्लों की होती हैं।

भाग देने का काम कर सकती हैं। यह काम ये मनुष्य से बहुत अधिक तेज़ी से करती हैं। अगर इनका कोई पुर्ज़ा खराब न हो तो इनसे गलती भी नहीं होती।

अनेक दफ्तरों में हिसाब करने के लिए ऐसी मशीनें होती हैं जो सिर्फ जोड़ सकती हैं। उन्हें जोड़ने की मशीन कहते हैं। उनका आकार टाइपराइटर से भी छोटा हो सकता है।

लेकिन हिसाब करने की कुछ मशीनें पूरे एक कमरे जितनी बड़ी होती हैं। इन्हें संगणक (कम्प्यूटर) कहते हैं। बहुत बड़े कम्प्यूटरों में हज़ारों 'वाल्व' लगे रहते हैं। ऐसी एक मशीन एक घंटे में जितने सवाल लगा सकती है, उन्हें एक आदमी को कागज़-पेंसिल से लगाने में दस साल का समय लग जाएगा।

परन्तु इन मशीनों का मूल्य भी लाखों रुपयों के लगभग बैठता है। जब तक बहुत अधिक हिसाब-किताब न करना हो तब तक इनका प्रयोग भी नहीं किया जा सकता। अतः आज भी हमारे लिए हिसाब लगाना जानना ज़रूरी है ही।

पिआसेकी हेलीकॉप्टर

हेलीकॉप्टर (HELICOPTER) : हवाई जहाज़ की तरह हेलीकॉप्टर भी आगे की तरफ उड़ता है। लेकिन हेलीकॉप्टर ऐसे बहुत-से काम कर सकता है जो हवाई जहाज़ नहीं कर सकता। यह सीधा ऊपर जा सकता है, सीधा नीचे आ सकता है। यह पीछे जा सकता है और बगल की ओर हट सकता है। यह एक ही जगह पर स्थिर खड़ा रह सकता है और छोटी-सी जगह में उतर सकता है। इसे 'रन वे' की ज़रूरत नहीं पड़ती।

हेलीकॉप्टरों को पहचानना मुश्किल नहीं होता। हवाई जहाज़ की तरह हेलीकॉप्टरों के डैने नहीं होते। उनके ऊपर पंखे लगे होते हैं, जो घूमते हैं। इनको 'रोटर' कहते हैं। किसी-किसी हेलीकॉप्टर में एक ही मुख्य रोटर होता है। ऐसी दशा में एक छोटा रोटर पूंछ में भी लगा होता है। रोटर का हर ब्लेड डैने (विंग) का काम करता

एस–55 सिकोरस्की हेलीकॉप्टर

है। अगर दो मुख्य रोटर होते हैं तो फिर पूंछ पर छोटे रोटर की ज़रूरत नहीं होती। रोटरों से कटनेवाली हवा ही हेलीकॉप्टरों को उड़ाती है। चालक रोटरों को झुकाकर जिस दिशा में चाहे जा सकता है। पूंछ का रोटर पतवार का भी काम करता है।

हेलीकॉप्टर कोई नई चीज़ नहीं है। चार सौ बरस पहले लियोनार्दो दा विंची ने इटली में एक हेलीकॉप्टर बनाने की बात सोची थी। उसने ऐसे मॉडल भी बनाए थे जो उड़ सकते थे। लेकिन उपयोगी हेलीकॉप्टरों का निर्माण हवाई जहाज़ों के बाद हुआ। अमरीका में आइगर सिकोरस्की ने सन् 1939 में पहला सफल हेलीकॉप्टर बनाया।

हेलीकॉप्टर दुर्गम बर्फीले क्षेत्रों या पहाड़ की ऊंची चोटियों में फंसे लोगों को बचाकर ला सकते हैं। दुश्मन की रक्षापंक्ति के पीछे सैनिकों को ले जाकर उतार सकते हैं। फंसे हुए और घायल सैनिकों को युद्धकाल में लड़ाई के मैदान से जल्दी-जल्दी अस्पताल पहुंचा सकते हैं।

हेलीकॉप्टर उपयोगी हैं, लेकिन हवाई जहाज़ों का स्थान कभी नहीं ले सकेंगे। ये बहुत ज़्यादा सामान या अधिक यात्री, बहुत दूर नहीं ले जा सकते। ये डेढ़ सौ मील प्रति घंटे से अधिक तेज़ भी नहीं जा सकते।

(देखें : हवाई जहाज़)

सिकोरस्की हेलीकॉप्टर

विषय सूची